습관이
인생을
확 바꾼다

습관이 인생을 확 바꾼다

초판 1쇄 인쇄 _ 2020년 03월 02일
초판 1쇄 발행 _ 2020년 03월 05일

지은이 _ 임문택

펴낸곳 _ 바이북스
펴낸이 _ 윤옥초
책임편집 _ 김태윤
책임디자인 _ 이민영

ISBN _ 979-11-5877-155-3 03190

등록 _ 2005. 7. 12 | 제 313-2005-000148호

서울시 영등포구 선유로49길 23 아이에스비즈타워2차 1005호
편집 02)333-0812 | 마케팅 02)333-9918 | 팩스 02)333-9960
이메일 postmaster@bybooks.co.kr
홈페이지 www.bybooks.co.kr

책값은 뒤표지에 있습니다.

책으로 아름다운 세상을 만듭니다. ― 바이북스

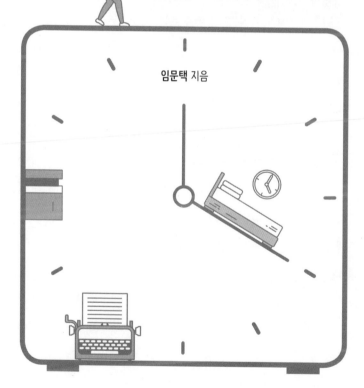

습관이 인생을 확 바꾼다

좋은 습관으로 얻은 행복

임문택 지음

바이북스
ByBooks

지금까지 나의 삶은 나쁜 습관과 어울려 지냈다. 그래서 하루도 편할 날이 없었다. 가장 먼저 떠오르는 것은 '술'이다. 대학교 1학년 때부터 만나기 시작한 술과의 인연은 악연이었다. 마실 땐 좋지만 다음날 후회를 데려다준다. 돈 낭비, 숙취, 피곤함, 기억력 상실 등으로 많은 것을 잃게 된다. 좋을 때도 있다. 내성적 성격으로 말수가 적은 자리에 훌륭한 중재자가 된다. 피곤할 때는 숙면의 동반자다. 적당한 음주가 몸에 좋은 이유다.

문제는 과할 때다. 술이 과하면 정신이 혼미해지고 마음이 이리저리 움직인다. 생각지도 않은 자신감이 피어나고 뜻하지 않은 말도 하게 된다. 술이 가져다주는 폐해다.

나 같은 경우는 극도의 우울감이 문제다. 연일 계속되는 폭음은 존재 이유를 흐리게 만들었다. 평소에도 불평, 불만에 사로잡혀 제대로 된 만족감을 느끼지 못했다. 술과 만나면서 더 심각하게 변했다. '왜 사는지?', '어떻게 살아야 하는지?', '왜 이렇게 못 났는지?'와 같은 불만은 '나'라는 존재를 한 번도 인정해주지 못했다.

남들과의 비교 속에 한없이 초라해지는 모습은 자신감 상실로 이어졌다. 한번도 내 자신을 칭찬해본 적이 없었다. 그저 살아있는 하나의 존재에 불과했다.

어려서는 가난으로 인한 불만, 나이가 들면서 능력의 한계에 대한 불평이 꼬리에 꼬리를 물었다. 모든 것은 타인과의 비교에서 시작되었다. 그렇게 한없이 작아지고 있었다.

최고가 되고 싶은 욕심, 욕망은 초라함으로 변했다. 언제나 최고가 되고 싶었다. 공부면 공부, 운동이면 운동, 각 분야에서 늘 1등이 되고 싶었다. 문제는 현실과 동떨어진 이상이다. 마음속으로는 '최고보다는 최선을'이라 말하지만 항상 '1등'이 그리웠다. 조급했다. 그 마음은 성격으로 드러났다.

최고에 도달하지 못하는 내 자신을 보며 초라함과 한심함이 동시에 나타났다. 어제보다 나은 오늘에 만족하지 못했다. 언제나 다른 사람보다 뛰어난 모습을 원했다. 좌절감은 커져 갔다. '만족'이라는 단어를 만나기보다 '불만'과 어울려 다녔다. 많은 성취를 이루었지만 한 번도 만족하지 못했다. 늘 쫓겼다. 또 다른 목표를 향해 달려 가야 했다. 목표를 이루는 것에 만족하면 좋으련만 언제나 좌절했다. 우울감은 지겹도록 따라다녔다.

스펙만이 존재했다. 각종 학위, 자격증이 판을 쳤다. 하나하나 딸 때마다 남모를 쾌감을 느꼈지만 그때뿐이었다. 시간이 흐를수록 나만의 스토리가 필요했다. 하나의 일에 집중하는 모습을 찾을 수 없었다. 순간순간을 즐기는 단 기간의 승부사가 되어갔다. 꾸준한 뭔가가 있어야 했지만 벼락치기에 능숙했다. 자격증은 쌓여갔지만 실제로 써먹지는 못했다. 따는 데 만족했다. 빛 좋은 개살구였다. 하나의 자격에 만족하고 적용하지 못하면서 자격 제조기가 되어갔다.

만족 없는 삶으로 서서히 지쳐갔다. 문제는 '나'에 대한 사랑이 없다는 것이다. '정'이라도 있어야 했지만 그러지 못했다. 세상에서 가장 싫은, 보기 싫은 존재가 '나'였다. 불평, 불만이 암 덩어리처럼 자랐다. '나'는 이름만 있을 뿐 존재하지 않는 그 무엇이었다. 그렇게 하루하루를 살아갔다. 뭔가의 돌파구가 필요했다.

이 책은 5부로 나누어져 있다.

1장 '습관을 바꿔보니'는 습관을 바꾼 후 위대한 일상을 만난 경험에 대해, 2장 '새벽 4시와의 만남'은 절주 습관을 통해 새벽 4시를 어떻게 만났는지에 대해 기록했다. 3장 '건강 생활습관으로 다시 태어난 삶'은 건강 생활습관 실천으로 다시 태어나게 된 경험을, 4장 '맨발 걷기로 꾸준히 변하는 삶'은 맨발 걷기와의 만남을 통해 꾸준히 변한 모습을 기록했다.

마지막 5장 '글쓰기로 되찾은 나'는 글쓰기를 통해 만나게 된 나와 삶에 대해 쓴 글이다.

지질이도 못났다고 생각했던 내 삶에 어떤 변화의 계기가 있을까? 삶 속에서 새로운 변화를 만날 수 있을까? 이러한 생각들이 내 머리 한복판에 늘 자리 잡고 있었다. 늪에서 벗어날 대책이 필요했기에 사소한 노력들이 좋은 습관으로 자리잡아 삶을 변화시킨 것을 감사한 마음으로, 조금은 수줍지만 함께 나누고자 했다.

차례

chapter 4

맨발 걷기로 꾸준히 변하는 삶

chapter 5

글쓰기로 되찾은 나

습관을 바꿔보니

습관은 저절로 나오는 버릇이다. '저절로'라는 말은 '나도 모르게'라는 말이다. 의식하지 않는 순간으로 만들기 위해서는 꾸준한 반복, 연습이 있어야 한다. 좋은 습관은 인생에 도움이 되고 나쁜 습관은 해가 된다. 전자는 기르기 어렵고, 후자는 쉽게 만들어진다. 쓴 음식은 이롭지만, 단 음식은 해롭다. 좋은 습관을 기르기 위해서는 의지력을 가지고 꾸준히 노력해야 한다. 어떻게 좋은 습관을 가지게 되었는지 알아보자.

술과의 만남을 줄이다

'술'은 술술 넘어가서 술인가? 술에 관한 이야기의 첫 시작은 어린 시절로 거슬러 올라간다. 유독 막내 손자를 아끼셨던 할아버지는 나의 놀이터였다. 늘 나와 함께 자고 먹고 여행을 다녔다. 그 당시 교통수단이라고는 짐자전거 밖에 없었다. 그 뒤에 나를 태우시고는 주로 저수지에 낚시하러 다녔다. 그때 조기 낚시 교육을 받았더라면 지금쯤 임태공 소리를 들었겠지만 거기까지였다. 할아버지가 민물고기를 낚고 있는 그 시간에 나는 돌을 던지며 무료하게 보냈다. 그때는 '왜 나에게 낚시를 가르치지 않지?'라고 생각했다. 지금 생각해보니 삶에 별 도움이 되지 않는다고 생각하셨기 때문이 아닐까 한다.

거의 매일을 함께 다니다보니 나에게 할아버지는 또래 친구였다. 나의 일거수일투족에 보호자였다. 하루는 들마루에 앉아 소주병으로 술을 따르셨다. 따뜻한 낮이었다. 놋그릇 소주잔에 술을 붓고는 나에게 한 잔을 권하시는 게 아닌가? 아무것도 모르는 시절 따라준 술을 원샷 했다. 안주는 강냉이였다. 안주도 좋지 않을뿐더러 어린 나에게 그것은 죽음의 독주였다. 두 잔째를 이어서 마셨다. 그 이후 내 눈에 펼쳐진 광경은 지진의 그것과 흡사했다. 땅이 올라갔다 내려가기를 반복하고, 집이 무너지며 천지가 뒤집혔다 펴지기를 왕복했다. 그와 함께 울렁거리듯 속이 뒤집혔다. 위가 놀랐는지 음식물이 입으로 탈출을 시도했다. 아무 생각이 없었다. 연신 뒤집히는 속을 달래주려고 약을 사오셨다. 그렇게 술과의 첫 만남은 나쁜 기억으로 남는다.

가끔 막걸리 심부름을 가며 주전자 끝을 입에 대고 꿀꺽 한 모금 했다. 다락방에 숨겨 놓은 매실주를 맛있게 마셨던 기억도 있다. 술과의 만남은 그렇게 이어졌다.

본격적으로 술을 마신 것은 대학교 입학과 함께였다. 대학입학을 하면 흔히 신입생 오리엔테이션을 하고 '과 군기'를 받는다. 선·후배가 친하게 잘 지내자라는 의미였지만 그것은 구실에 불과했다. 결국 후배들에게 술을 진땅 먹여 누가 잘 버티나를 시험하는 자리였다. 거기서 살아남으면 편한 학교생활이 보장되었다.

같은 과 동기들은 영문도 모른 채 단체로 끌려가다시피 했다. 평안했던 마음과 분위기가 일순간에 군대의 살벌함으로 바뀌는 데는 그리 오랜 시간이 걸리지 않았다. 버스에서 내리자마자 "이열 종대로 서"라는 불호령이 내려졌다. 잔뜩 겁을 먹은 채 재빨리 대열정비를 했다. 그 다음 이어지는 강력한 메시지는 이렇다.

"지금부터 이곳을 줄 맞춰 도는데 사나이로 태어나서 노래를 부른다."

"만약, 다 뛰고 나서 목소리가 나오는 놈은 용서하지 않는다."

"목소리가 나오지 않을 만큼 큰 소리로 노래 부르면서 뛴다. 알겠
나?"

"네."

단체로 대답을 하고 오와 열을 맞춰 뛰었다.

"사나이로 태어나서 할 일도 많다만 너와 나 나라 지키는 영광에
살았다. 전투와 전투 속에 맺어진 전우야, 산봉우리에 해 뜨고 해가
질 적에 부모 형제 나를 믿고 단잠을 이룬다."

위와 같은 가사로 이루어지는 노래를 부르고 또 부르며 달리고
또 달렸다. 순진했던 나는 진짜 목이 쉬지 않으면 뭔 일이라도 일어
나는 줄 알았다. 덕분에 목이 쉬는 것은 일순간이었다. 다른 친구들
중 나처럼 목이 쉰 경우는 보지 못했다. 어찌 보면 순진했고 다르게
보면 어리석었다. 단체 기합은 아무리 달려도 끝날 줄 모른다. 모든
것은 정해진 시간이 지나야 막을 내린다. 오와 열을 잘 맞추면 노래
소리가 작다고 트집, 노래를 크게 부르면 달리는 속도가 늦다고 문
제, 한 마디로 트집 잡기의 일인자들이었다. 시간이 흘러 어둑해지
자 모든 것은 종료되었다.

다음으로 이어지는 코스는 술과 함께 이뤄지는 뒤풀이 자리였다.
그 당시 유행한 술은 소주와 음료수를 섞은 폭탄주였다. 주머니에
돈이 많지 않기에 변형적인 방법을 쓸 수밖에 없었다. 또한 그렇게
만든 술의 단맛이 목 넘김을 좋게 만들었다. PET병에 두 액체를 혼

합해 흔들면 엄청난 양의 폭탄주로 변했다. 이 술을 돌아가며 한 잔 두 잔 마시게 되었다. 처음 마시는 술이 술술 넘어갔다. 한 잔, 두 잔 마시고 노래도 부르고 자기소개도 하며 분위기가 제법 무르익어 갔다. 술이라는 것이 처음 마실 때가 문제이지 점점 마시면 마실수록 술에 대한 거부감이 줄어든다. 오죽하면 처음에는 사람이 술을 마시지만 나중에는 술이 사람을 마신다는 말이 생겼을까?

술이 점점 오르는데 이상했다. 선배들은 크게 술이 취하지 않는 모습이었다.

"저기, 선배님들은 술 안 취하십니까?"

"저는 술에 점점 취하는 것 같은데요?"

"천천히 마셔라, 우리도 많이 마시고 있다."

이상했다. 나만 술이 취하는 것 같았다. 물론 동기들도 술 취하기는 마찬가지였다. 술이 제법 취하자 2차로 자리를 옮겼다. 1차에서 살아남은 사람들의 진정한 진검승부의 장이 펼쳐졌다. 술을 마시게 해서 후배가 쭉 뻗어야 직성이 풀리는 선배들이 있다. 그 선배가 술자리를 주도했다.

"야, 지금부터는 글라스로 소주 마시기다."

"네, 좋습니다."

나는 어디서 그런 자신감이 생겼는지 본격적으로 소주를 들이키기 시작했다. 글라스로 한 잔, 두 잔, 석 잔을 마시면서 서서히 내 자신의 존재를 망각하기 시작했다. 어떻게 된 일인지 전혀 기억이 나지 않았다. 술과의 첫 만남은 그렇게 안 좋은 기억으로 남았다.

그렇게 29여 년을 줄기차게 들이부었던 술을 줄여야겠다는 생각이 든 것은 매 순간이었지만 가장 심했던 것은 2018년 9월 이후였다. 맨발 걷기를 하고 난 이후 체력이 강해져서인지 마시는 술의 양이 점차 많아졌다. 다음날 일어나도 숙취는 크게 없었다. 맨발 걷기의 장점을 고스란히 받은 덕이었다. 문제는 그로 인해 술 양이 많아지면서부터다. 심적으로 우울한 날이 늘어났다. 특히나 한 번 마시면 연속으로 마시는 경우가 많아졌다. 악순환이 거듭되었다. 그야말로 술로 인해 최악의 순간까지 갈 수도 있겠다는 막연한 불안감이 엄습해왔다. 뭔가 결단해야 할 것 같은 위기의식을 느꼈다.

2018년 11월 18일 결심했다. 익숙한 것과의 만남을 줄이기로. 1990년 3월부터 시작된 '음주'를 줄인다고 생각하니 눈물이 앞을 가렸다. 28년 9개월 동안 사귀어온 진한 관계를 줄일 수 있을지 걱정이 앞섰다. 좋은 일, 힘든 일, 어려운 일에 함께했던 친구지만 한계에 다다랐다. 일요일 오전 10시경 우연히 본 EBS 프로그램에서 알코올 중독자 사연이 소개되었다.

"정말이지 인생을 모두 잃었습니다."

"이제 살 것 같습니다. 살아야지요. 저같이 살았던 사람들에게 희망을 주고 싶습니다."

마치 내 이야기 같았다. 맨발 걷기, 글쓰기를 꾸준히 하면서 변화를 원했다. 차츰 술자리를 줄여나갔다. 새로운 변화를 꿈꾸는 간절함 때문이었다.

습관의 힘을 믿다

초등학교 3학년 때부터 신문배달을 했다. 그 시절 누구나 그랬듯 우리 가족도 '가난'이라는 굴레를 피해가지 못했다. 아버지의 갑작스런 뇌졸중으로 가산이 급격하게 기울었다. 병이 들면 귀가 얇아진다고 했다. 아버지도 그랬다. 좋다는 곳은 모두 찾아다녔다. 성령 말씀으로 치료하는 곳, 쑥과 뜸을 쓰는 곳 등 안 가본 곳이 없었다. 가난은 사람을 강하게 만든다. 그로 인해 형과 나는 어릴 때부터 강하게 자랐다. 가난 극복의 힘을 얻었다.

형이 먼저 나섰다. 나보다 세 살 위인 형은 그 당시 초등학교 6학년이었다. 어느 날 새벽에 밖에 나갔다 돌아오는 형을 만났다.

"형, 어디 다녀오는 길이야?"

"어, 신문배달 시작했다."

"신문배달? 그거 어떻게 하는 건데?"

"왜? 너도 하고 싶나? 해볼래?"

"어, 나도 하고 싶어. 어떻게 하면 돼?"

"일단 자전거에 신문을 싣고 배달해야 하는데, 자전거 탈 수 있어?"

"아니, 못 타는데?"

"그럼, 자전거부터 배워야 돼."

"그래? 그러면 나 자전거 타기 연습할게."

"나중에 탈 수 있으면 얘기해."

"어, 알았어. 지금 당장 시작할게."

그렇게 자전거 타기 연습이 시작되었다. 근데 집에 자전거가 없었다. '어떻게 하지?'를 계속 생각하다가 아버지를 조르기로 했다.

"아버지, 저 신문 배달할래요."

"네가 신문배달 할 수 있겠나?"

"할 수 있어요. 근데 자전거가 없어요. 하나 구해 주세요."

"돈이 없어 죽을 지경인데, 자전거를 어떻게 사노?"

아버지가 입에 달고 산 말은 늘 "돈이 없어 죽을 지경인데……"다.

그날부터 고민이 시작되었다. '어떻게 자전거를 구하지?' 계속 생각해도 뾰족한 수가 없었다. 어느 날 아버지가 고물 자전거 한 대를 구해 왔다. 상태가 심각했다. 타기에 거의 불가능한 것이었다. 폐차 수준이었다. 그 중에서도 심각한 것은 바퀴다. 바퀴가 완전 휘어서 정상적 운행이 불가능했다. 자전거를 굴릴 때마다 핸들이 좌우로 휘청거렸다. '초보인 내가 탈 수 있을까?' 걱정이 앞섰다. 그렇다고 멈출 순 없었다. 의지는 불가능을 가능하게 만들었다.

신문배달을 해야 한다는 생각은 모든 것을 가능하게 만들었다. 실행이 답이다. 일단 시작했다. 위기가 기회라는 말이 실감났다. 그날부터 고물 자전거는 내 친구가 되었다. 처음엔 차가 다니지 않는 넓은 공터로 갔다. 초등학교까지 가려니 너무 멀어 궁여지책으로 선택한 곳은 주유소 마당이었다. 주로 저녁에 갔기에 주유하러 오는 차가 거의 없었다. 넓은 그곳은 자전거 연습에 안성맞춤이었다. 그 당시 키가 몹시 작았다. 6학년 때 139cm이니까 어느 정도인지 짐작될 것이다. 자전거를 타고 안장에 앉을 수가 없었다. 할 수 없이 가운데 삼각형 모양으로 되어 있는 곳에 다리를 넣어서 탔다. 누가 가르쳐주면 좋으련만 그럴 기회가 없었다. 그런 상황에서 가장 좋은 방법은 독학이다. 넘어지고 깨지고 다치기를 수십 번도 더했다. 그래도 웃음이 나왔다. 신문배달이라는 목표가 있었기 때문이다.

하루, 이틀이 지나고 드디어 사흘째 되는 날 처음으로 자전거 타기에 성공했다. 황홀하다 못해 날아갈 것 같은 기분이었다. 드디어 내가 자전거를 타게 된 것이다. 아직까지는 완벽하지 않아 주변에 차나 오토바이가 지나가면 다시 고꾸라졌다. 한 번의 성공은 또 다른 성공을 낳았다. 계속되는 연습으로 1주일이 지나자 자전거 달인이 되었다. 초등학교 3학년 130cm도 안 되는 키에 독학으로 자전거를 탈 수 있게 되었다. 그때 알았다. 뭐든 목표가 필요하다는 것을. 목표가 주어지면 훨씬 추진력이 높아진다. 습관을 기르기 위해서는 목표를 세우면 된다. 이후 성취를 이룬 모든 것에는 늘 목표가 따라다녔다.

자전거 달인의 기쁜 소식을 가장 먼저 형에게 알렸다.

"형, 나 자전거 이제 잘 타."

"그래? 그럼 신문 배달 한 번 해볼래?"

"어, 빨리 소개시켜줘."

그렇게 해서 초등학교 3학년 신문배달부가 탄생했다. 새벽과의 만남도 시작되었다. 꾸준한 연습이 새로운 습관을 만들었고 습관 유지로 목표달성의 선순환이 이뤄지게 되었다.

그날 이후부터 새벽 기상에 자신이 생겼다. 새벽을 깨우는 참 맛을 알게 된 것이다. 그로부터 목표는 엄청난 동기와 자극이 되었다. 모든 일을 시작할 때는 목표를 세웠다. 목표를 세우면 반드시 이뤄낸다는 신념이 자랐다. 초등학교 3학년 때 삶의 가장 큰 깨달음을 얻었다.

나에게는 한 가지 단점이 있다. 어떤 일을 할 때 싫증을 잘 낸다. 시작은 잘하는데 마무리가 제대로 되지 못했다. 모든 일이 그랬다. 조금 할 만하면 지겨워졌다. 내 자신에 대한 불만이 싹트기 시작한 이유일지도 모른다. 늘 최고가 되고 싶었지만 정상의 문턱에서 다른 것에 관심이 생기기 시작했다. 그것을 깨뜨리게 해준 것이 바로 맨발 걷기다. 지금 2년 이상 하루도 빠짐없이 실천하고 있는 모습에 스스로 감동받는다. 맨발로 흙을 걷는 것은 습관이 아니라 일상이요, 운명이다. 내 인생의 운명을 바꾼 결정적 계기가 되었다.

꾸준한 맨발 일상에서 얻은 자신감을 다른 모든 일에 투입했다.

글쓰기도 꾸준히 이어지고 있다. 새벽 4시 기상과 절주도 차츰 횟수가 늘고 있다.

긍정이 긍정을 낳는 시크릿의 비밀처럼 좋은 습관은 또 다른 좋은 습관을 만든다. 맨발 걷기 이후 일어난 일상의 다양한 변화가 그것을 잘 말해준다. 매일 하는 맨발 걷기, 꾸준한 새벽 4시 기상, 절주 등도 모두 제자리를 잡아가고 있다. 습관의 힘은 놀랍다.

찰스 두히그가《습관의 힘》에서 말한 '신호→반복된 행동→보상'의 3단계를 잘 실천하고 있다. 맨발 걷기는 새벽 6시, 새벽 4시 기상은 잠재의식, 절주는 배고픔 등이 신호다. 그때마다 그에 맞는 반복된 행동과 보상을 해주면 습관이 만들어진다.

이러한 습관을 꾸준하게 실천하다보니 내 운명까지 바뀌고 있는 중이다.

수많은 사람을 만나며 뒤통수를 맞기도 하고 배신도 맛보았다. 어떤 사람을 어떻게 만나야 할지에 대한 많은 생각을 하게 된다. 지금 새벽 글을 쓰고 있는 이 순간도 습관의 힘에서 비롯되었다. 오늘, 내일, 모레, 매일 써 내려가는 노트북 자판 소리가 심장의 박동처럼 느껴진다. 이 소리가 끝없이 이어지는 한 나의 생명력도 꾸준히 유지되리라 믿는다. 습관의 힘을 믿는다. 습관의 힘으로 인생의 탄탄대로를 밟아보자.

사소한 습관이 위대한 일상을 만든다

맨발 걷기, 글쓰기, 새벽 4시 기상은 나의 습관이다. 주말도 꾸준하게 이어진다. 습관은 예외를 허용하지 않는다. "하루라도 책을 읽지 않으면 입에 가시가 돋는다"는 안중근 선생 말처럼 매일 실천을 위해 노력한다. 꾸준함은 위대한 일상을 만든다는 희망이 있기 때문이다.

초등학교 3학년 때부터 시작된 신문배달은 새벽과 만났다. 새벽이 편안하고 딱 맞는 옷처럼 느껴지는 이유다. '새벽'과 만나며 많은 것을 얻었다. 새로움, 깨어남, 첫 출발, 명상, 행복 같은 말들을 다 갖다 붙여도 모자랄 좋은 시간이다. 새벽과 만나면 아무리 어려운 문제도 술술 풀린다. 마법을 가진 축복 시간이다.

어린 시절 이후 새벽에 일하는데 익숙해졌다. 고등학교 시절은 새벽 효과를 가장 많이 받은 때다. 고등학교 하루 일과는 다음과 같다. 새벽 3시 30분쯤 기상이다. 지금은 알람 시계 없이도 눈을 쉽게 뜰 수 있다. 그 시절은 불가능한 이야기다. 매일 전쟁을 치러야 했다. 하교 후 집으로 돌아오면 아버지에게 다음과 같은 부탁을 한다.

"아버지, 내일 새벽 3시 30분에 꼭 깨워주셔야 해요. 아셨죠?"

"그래, 알았다."

처음엔 대화가 자연스럽게 오고 갔다. 하루, 이틀, 사흘, 나흘 시간이 흐르면서 대화가 점점 험악해져 갔다.

"아버지 내일 새벽 3시 30분에 깨워주셔요."

"그래, 알았다."

다음날 새벽 그 시각에 아버지는 나를 깨웠다.

"애야, 어서 일어나라."

"아이 참, 좀 더 자게 내버려둬요."

"새벽 4시 다 되어 간다. 어서 일어나."

"아이, 못 일어나겠어요."

"빨리 일어나라니까."

"아이, 진짜."

"내일부터 다시는 안 깨운다."

대충 이런 식의 대화가 오간 후에야 일어나는 악순환이 반복되었다. 그만큼 고등학교 시절은 피곤에 젖은 잠과의 전쟁이었다. 그도 그럴 것이 새벽 3시 30분에 일어난다는 것은 여간 고역이 아니다. 새벽 시간을 이용할 수밖에 없었기에 그대로 밀고 나갔다. 6시 45분 버스를 타고 등교를 한다. 도시락 두 개, 책, 참고서로 가득 채우면 등산 배낭이 된다. 가방 무게 덕분에 한 쪽 어깨가 기울어졌다. 등교

후 시작되는 아침 자습, 수업, 오후 자습, 야간 자습까지 이어지는 하루는 공부와 전쟁이었다. 집은 밥 먹고 잠만 자는 곳이 되었다. 주말도 예외는 없었다. 습관 만들기에 좋은 일과다.

야간 자습 마치고 학교에서 역까지 30분 이상 걷는다. 기차 타고 집으로 돌아오는 시각은 11시 25분쯤. 자고 새벽에 일어나는 반복된 습관은 지금도 새벽과 쉽게 만나는 원동력이 되었다.

대학 입학 후 기숙사에 들어갔다. 기숙사는 여러 가지 좋은 점이 있다. 그 중 새벽 시간을 내 마음대로 활용할 수 있는 것은 최고 장점이다. 체육관에서 일하는 아저씨와 매일 두 시간 이상 새벽 운동을 했다. 기숙사에서 새벽 6시쯤 나가 체육관에 도착한다. 그 시간이면 아저씨도 출근한다. 헬스, 농구 등을 매일 했다. 덕분에 몸이 가벼워졌고 건강을 챙길 수 있었다.

중간·기말 고사 기간엔 도서관 자리를 맡을 수 있어 좋았다. 시험 기간 중 도서관은 자리싸움이 치열하다. 전쟁터를 떠올린다. 학생들은 전날 책이나 가방으로 영역 표시를 한다. 도서관 자치위원들이 다음날 모조리 치운다. 같은 일이 반복된다. 악순환이다. 도서관 자리 잡기가 하늘의 별따기보다 더 힘든 이유다.

기숙사에 있는 나에게 도서관 자리 잡기는 식은 죽 먹기보다 쉬웠다. 거리도 가깝거니와 새벽 기상에 익숙하기 때문이다. 기숙사 문을 나서며 관리 아저씨에게 깍듯이 인사했다. 그분 협조가 없으면 출입이 어렵기 때문이다. 운동, 시험 기간은 새벽을 선물로 주었다.

그때 익힌 습관은 발령 후에도 쭉 이어졌다. 새벽운동은 내가 가진 특기가 되었다. 매일 새벽 달리기, 걷기, 산행이 이어졌다.

새벽운동은 2017년 10월 31일을 기점으로 맨발 걷기가 되었다. 운동 장소까지 가는 것은 동일하나 신발이 아닌 맨발이었다. 맨발 걷기 후 만족감, 행복감, 성취감을 얻었다. 축복과 만나게 된 계기다. 맨발 걷기와 함께 글쓰기가 이어졌다. 처음 쓸 때는 맨발로 걸으며 몇 줄 적었다. 점차 익숙해지자 양이 늘어났다. 매일 긁적이는 습관을 만들었다.

새벽 4시쯤 일어나 물 한 잔을 쭉 마신다. 신체와 정신이 깨어난다. 거울을 본다. 씩 한 번 웃어준다. 내가 나에게 보내는 칭찬 미소다. '넌 멋진 친구야. 잘할 수 있어. 오늘도 파이팅, 알지? 힘내자'라는 마음을 내 영혼에게 보낸다. 금방 기분이 좋아진다. 하루 시작을 알리는 퍼포먼스다.

노트북을 펼치는 순간 머리가 멍하다. 잠시 후 손가락이 저절로 움직인다. 새벽이 보내는 메시지를 받는다. 글이 쭉쭉 써내려져 간다. 신기한 체험이다. 낮이나 밤엔 잘 되지 않는다. 새벽과 만나는 습관이 이루어졌기 때문이리라. 시간이 지날수록 글 쓰는 속도가 빨라진다. 새벽 시간대라 그런지 머릿속이 잘 정리되고 새로운 생각이 떠오른다. 이렇게 글을 쓰고 난 후 책을 펼친다. 한 줄이라도 읽는 습관을 들인다. 글 쓰고 책 읽는 습관을 만든다. 이후 맨발 걷기에 나선다. 맨발 걷기, 독서, 글쓰기인 '맨독글'이 내 루틴으로 자리 잡았다.

하루 시작이 글쓰기, 독서, 맨발 걷기로 이어지면서 달라진 습관
이 또 하나 있다. 그토록 좋아했던 술자리가 줄어든 것이다. 매일 새
벽 '글쓰기→독서→맨발 걷기' 일상 때문에 술을 멀리하게 된다. 전
날 술자리는 다음날 습관을 엉망으로 만든다. 균형이 깨진다. 맥주
한 잔이라도 접하면 맑은 정신 유지가 어렵다. 회복하기 위해서는
하루가 아닌 이틀까지 걸린다. 1주일에 2~3일이 훅 지나간다. 술을
줄이는 이유다.

과거 1주일에 3~4회 이상 술 마신 것이 신기하다. 그에 비하면
요즘은 안 마시는 수준이다. 마신다 해도 금요일 저녁 혹은 편안한
시간을 이용한다. 술친구가 멀어질 수밖에 없는 이유다. 예전엔 사
람과 만나지 않으면 우울했고 소외감을 느꼈다. 세상에 뒤처지는 것
같았고 따돌림 받는 기분이었다. 술자리를 만든 이유다. 요즘은 글
쓰기, 독서, 맨발 걷기 시간을 어떻게 확보할까에 집중한다. 놀라운
변화다.

'왜 책을 많이 읽지 않았을까?' 하는 후회도 생긴다. 천 권 정도
읽으면 세상이 달라 보인다고 한다. 경험을 해보지 못한 아쉬움은
후회로 남는다. '책 읽는다고 세상이 변하기는 해?'라는 생각이 강했
다. 읽어보지도 않고 가졌던 선입견이다. 책을 읽고 그대로 실천하
면 삶은 변한다. 그것도 완전히 새로운 사람으로. 텍스트로만 끝나
는 게 아니라 삶을 변화시키려는 노력이 더해지면 된다.

지금이라도 독서 습관 가진 것에 감사한다. '꾸준히 읽는다면 천

권, 아니 그 이상 책과 여행을 떠날 수 있지 않을까?' 하는 희망으로 가득하다. 마음이 풍성해진다. 행복 물결이 파도처럼 밀려온다.

초등학교부터 새벽 습관이 시작되었다. 고등학교 공부, 대학교 운동, 발령 후 운동으로 이어졌다. 새벽에 맨발 걷기 하는 것도 습관 덕분이다. 좋은 습관은 또 다른 습관으로 이어진다. 독서, 글쓰기와의 만남이다. 그들과 만나며 술자리를 멀리하고 있다. 퇴근 후 이어지던 술자리 대신 도서관과 만난다. 술 대신 차를 마시고 술집 대신 서점을 만난다.

맨발 걷기는 사소한 습관이다. 꾸준함이 습관되어 독서로, 글쓰기로 이어진다. 사소한 습관 하나가 얼마나 위대한 일상을 만드는지 알게 되었다. 맨발 걷기, 독서, 글쓰기는 인생에서 만난 가장 훌륭한 친구다. 친구를 만드는 것은 쉽다. 관계를 유지하는 것이 어렵다. 한 번 만난 소중한 인연을 영원히 간직할 것이다. 맨독글은 영원히 변치 않는 내 친구다.

chapter 2

새벽 4시와의 만남

일주일에 7일 이상 폭음하던 시절이 있었다. 주구장창 마셨다. '왜 그렇게 퍼부었는지?' 지금도 궁금하다. 과거를 뒤로하고 절주 습관을 만났다. 맨발 걷기 후에도 이어지던 음주 습관은 글쓰기, 독서를 만나며 서서히 줄었다. 완전히 끊지는 못했다. 끊으려는 시도는 실패했다. 인간관계가 그리워 다시 마시게 되었다. 예전처럼 횟수가 잦지는 않다. 절주 습관 때문이다.

새벽은 내 친구다. 새벽에 일을 시작한다. 일찍 일어나기 위해서 일찍 잔다. 세상은 공평하다. 수면 부채를 없애야 한다. 중학교 이후 모든 공부는 새벽에 한다. 맑은 정신과 마음을 만난다. 추진 속도가 메가톤 급이다. 고요하고 평화롭다. 초침 소리만 들린다. 나와 새벽 둘만 만나는 시간이다. 2018년 10월 《강안독서》와 만나며 '새벽 4시'는 새로운 습관이 되었다. 매일 그 시간에 일어나 책 읽고 글 쓰는 삶을 실천한다. 내 삶의 시작은 새벽 4시다.

나에게 새벽 4시란

2018년 11월 4일 일요일. 새로운 목표가 생겼다. 새벽 4시에 일어나는 것이다. '왜 새벽 4시인가?' 술로 잃어버린 시간 찾기다. 대학교 1학년부터 시작된 음주는 많은 것을 빼앗아갔다. '술은 인간관계를 위해 꼭 필요하다'란 말은 핑계였다. 대부분 무의미했다. 술 마시는 이유로 사람 사귀기를 말한다. 술자리에 가지 않으면 불안하고 힘들었다. '내가 뒤처지는 것은 아닐까?', '나만 소외되는 건가?'라는 생각이 가득했다. 사람 만날 구실을 만들어 술을 마셔댔다. 마음속은 늘 우울하고 공허했다. '왜 이렇게 사는 걸까?', '행복이 있기는 한 걸까?' 다른 사람과의 관계에 신경쓰다보니 정작 '나'에 대한 관심은 뒷전이었다. 무엇을 하고 싶고 어떤 것을 할지에 대한 고민 없이 남의 이목, 비판에만 관심을 가졌다. 맨발 걷기, 독서, 글쓰기를 하며 삶이 나아졌다. 여전히 부족했다. 행복한 삶을 위한 돌파구가 필요했다.

2018년 10월 어느 날 이은대 작가의 《강안독서》를 만났다. '어떤 책이기에 이토록 담금질을 오래할까?', '강안强眼 독서 그게 뭐지?'라는 생각이 머릿속을 뱅뱅 돌았다. 평소 좋아하는 녹색 계열의 《강안强眼독서》가 내 품에 안겼다. 출간되기를 학수고대한 책이라 기대를 가지고 펼쳤다. 감격스러웠다. 오랜 기다림이 화려하게 피어났다. '나는 오직 쓰기 위해 읽는다'라는 부제가 눈을 번쩍 띄게 만들었다. 책을 읽는데 진도가 술술 잘 나갔다. '참 읽기 쉽고 이해하기 쉽게 쓴 책이네'라는 생각과 책을 어떻게 써야 할지에 대한 감을 잡을 수 있었다.

책에서 뜻하지 않은 횡재를 했다. 새벽 4시와 만났다. 6장 두 번째 꼭지 제목 '새벽 4시'가 한 눈에 들어왔다. 평소 새벽을 만났지만 보통 5시였고 새벽 4시는 어쩌다 한 번이었다. '새벽 4시?', '매일 이 시간에 일어나는 게 가능하겠어?'라는 생각도 잠시 바로 실행에 옮기고 싶어졌다. 그동안 글쓰기, 독서, 맨발 걷기를 꾸준히 실천하고 있는 나에게 새벽 세 시간 확보는 천군만마였다. '한 시간은 글쓰기, 한 시간은 독서, 나머지는 맨발 걷기에게 나눠준다면……' 생각만 해도 가슴이 콩닥거렸다.

초등학교 시절 신문배달로 새벽과 만났다. 비나 눈이 오면 시험에 든다. 자전거를 타고 움직이기 때문에 위험하고 나가기 싫었다. 아버지 불호령이 무섭기도 했지만 신문을 돌리고 난 후의 쾌감 때문에 움직였다. 고통이 심할수록 만족감은 더하다. 예나 지금이나 똑 같다.

비가 오면 신문을 하나하나 비닐봉지에 넣어야 한다. 시간이 평소보다 많이 걸린다. 더 일찍 일어나서야 한다. 그 당시 새벽 6시 이전에 일어난다는 것은 생각보다 고역이다. 졸음을 쫓으며 억지로 일어났다. 신문배달은 나와 독자의 약속 시간이다. 그때부터 책임감이 생긴 것 같다.

신문 정리 후 배달에 나선다. 비옷을 입어야 한다. 비 내리는 도로를 자전거로 가면 시야 확보가 어렵다. 작은 키라 비옷이 무릎 아래까지 내려간다. 자전거 페달 밟기가 여간 어려운 것이 아니다. 키 작은 사람의 애환이다. 비닐로 쌌더라도 젖지 않도록 평소보다 더 관심을 가져야 한다. 어떤 날은 신문이 젖었다고 다시 갖다 달라고 한다. 정말 가기 싫은 날이다. 비를 원망하기도 했지만 어쩔 수 없었다. 혹시 학교라도 가고 난 후엔 어머니가 그 일을 대신했다. 그런 일이 일어나지 않도록 심혈을 기울였다.

눈 내리는 겨울은 몇 배의 고통이다. 내가 자란 곳은 눈이 많이 내린다. 두 바퀴 자전거에 신문을 싣고 달리는 것은 위험천만하다. 바퀴가 미끄러지는 것은 다반사다. 더 신중하게 운전해야 하는 이유다. 지금도 머릿속에 생생하게 떠오르는 일이 있다. 그날은 눈 내린 다음날이라 바닥이 미끄러웠다. 기온이 영하 10도 이하였다. 꽁꽁 언 바닥은 썰매타기도 가능했다. 더 조심해야 하는 날임에도 내리막 길을 씽씽 달렸다. 마지막 부분에 올 때쯤 브레이크를 밟았다. 순간 자전거가 휘청거리면서 그대로 담벼락을 들이받았다. 다행히 크게 다치지는 않았다. 무릎에 멍이 들 정도였다. 그날 이후 겨울 자전거 운전에 각별히 더 신경 썼다.

고등학교는 입시전쟁이다. "네 시간 자면 붙고 다섯 시간 자면 떨어진다"는 말이 유행했다. 잠과의 전쟁이 치열함을 나타내는 말이다. 나 또한 예외는 아니다. 고등학교는 버스로 통학했다. 버스 타고 20여 분 정도 가면 학교가 있다. 하루 네 시간 정도 자야 가능한 거리였다. 그땐 네 시간 수면을 유지했다. 주말도 마찬가지다.

어릴 때부터 단련된 새벽과의 만남은 그 이후로도 쭉 이어졌다. 습관의 힘이란 참 묘하다. 한 번 정착된 습관으로 새벽은 늘 내 편이었다. 새벽 4시는 그동안 이어져온 습관을 완전 정착시키는 기회다. 흐트러진 마음을 가다듬는 시간이다. 새벽 4시와 함께 삶이 다시 리셋되었다.

새벽 4시에 하루를 시작하는 것은 내 삶에 축복이다. 새벽 시간 집중력은 낮이나 밤보다 월등하다. 집중과 완전 몰입이 가능하다. 어떤 일도 자신 있게 해낼 수 있는 시간이다. 그때 일어나기 위해서는 술을 멀리해야 한다. 술과 전쟁을 선포해야 한다.

술 마신 날은 제 시간에 일어나더라도 일할 수 없다. 몽롱한 정신, 뻐근한 신체, 불규칙적인 리듬 등 모든 것이 엉망된다. 그렇게 시작한 하루가 즐거울 리 없다. 새벽에 할 일을 제대로 하지 못한 날은 리듬이 무너진다. 이어지는 아침, 점심, 저녁이 어떻게 될지는 불 보듯 뻔하다.

자연스럽게 술을 멀리하게 되었다. 술 마시지 않으면 새벽 4시에 집중할 수 있고 계획된 일을 할 수 있다. 선순환이 일어난다. 자연스럽게 절주가 실행된다. 새벽 4시와 절주는 서로를 챙겨주는 완벽한 공존공생 관계다.

새벽 4시는 삶의 터닝 포인트가 되었다. 새벽 4시와 만나면서 삶이 서서히 정리되었다. 내 삶의 개혁이 시작되었다. 그동안 하고 싶었던 습관이 자리를 잡았다. 점점 일어나는 시간이 빨라졌다. 그때의 행복감을 잠재의식 속에서 기억하고 있는 듯했다.

불가능을 가능으로 바꾸는 것은 마음먹기다. 도저히 불가능해 보였던 새벽 4시 기상이 일상으로 자리 잡았다. 그 시간이 내게 주는 엔도르핀을 알기에 멈출 수 없다. 사람은 자신에게 흥미와 즐거움 주는 일을 가장 먼저 한다. 인지상정이다. 나에게 새벽 4시 기상은 그런 존재다.

고정된 삶의 루틴이 시작되었다. 이 시간은 어떤 것과도 바꿀 수 없다. 하루 일과를 정해진 시간대로 시작하는 것이 전체에 미치는 영향은 어마어마하다. "첫 단추를 잘 꿰어야 한다"고 한다. 하루 첫 단추는 새벽 4시 기상이다.

이 시간을 제대로 꿰면 하루 전체가 원활하게 돌아간다. 하루가 모여 한 달이 되고 한 달이 모여 일 년이 된다. '왜 이제야 만났을까'라는 아쉬움보다 '지금이라도 만나 다행이다'는 행복감이 나를 춤추게 한다.

새벽 4시 기상은 나에게 운명이다.

새벽 4시 기상, 실행으로 옮기다

마음속에 들어온 새벽 4시 기상을 그대로 두는 것은 보물을 잃는 것이다. 내 삶에 얼마만큼 중요한 역할을 하는지 알기에 바로 실행에 옮겼다. 실행하기 전 매일 4시에 일어난다는 것은 상상하기 힘들었다. 그 중심에 음주가 있었다. 이른 시간에 음주가 시작되면 그 시간 일어나는 것이 가능하지만 밤 10시가 넘는 순간 불가능이다.

술은 새벽 4시 기상에 걸림돌이요, 디딤돌은 아니다. '도대체 술은 왜 마시는 걸까?' 생각할 겨를도 없었다. 습관처럼 마셔댔다. 어떤 날은 부르지 않아도 자리를 만들었다. 술 좋아하는 사람에게 전화를 건다. 약속 잡지 못하면 다음 사람이다. 그렇게 한 명 한 명 전화 하다보면 약속을 잡을 수 있다. 만약 약속을 잡지 못하면 허무함이 밀려온다. '인생을 이렇게 밖에 살지 못했나?' 하는 회환이 밀려온다. 술을 부르는 순간이다. 이래저래 술자리는 만들어질 수밖에 없다. 습관이라 부르는 이유다. 다음날 후회가 이어진다. 숙취, 시간

낭비, 돈 낭비 등이 주요 이유다. 사람 사귀기는 주된 핑계요, 목적이 아니다. 술 안 마시는 사람을 만나면 된다. 굳이 인간관계를 핑계로 술과 친구가 될 필요는 없다.

술과 사귀면서 많은 것을 잃었다. 가장 큰 것이 시간과 이별이다. 술을 마시면서 정녕 하고 싶은 것을 하지 못하는 악순환에 빠졌다. 어린 시절 내가 가장 좋아하는 것은 운동이었다. 그 중 축구가 가장 하고 싶은 운동 중 1순위였다. 그런 이유로 매일 축구를 했다. 학교 운동장, 논 등 땅이 있는 곳을 찾아다니며 달리고 또 달렸다. 어떤 날은 친구들과 야구도 했다.

대학교 들어가서 동아리를 선택할 때도 가장 먼저 축구 동아리를 선택했다. 두 번째 선택은 테니스였다. 그 이후 테니스가 내 인생의 대부분을 차지했다. 레슨을 받고 시합을 나가며 운동 기능을 다져갔다. 한때 수영도 열심히 했다. 바다를 워낙 좋아해 해산물, 수영, 바다 풍경 등 바다와 관련된 것들은 모두 좋아했다.

최근엔 마라톤에 빠져 살았다. 달리면서 느끼는 쾌감은 어떤 것으로도 설명 불가였다. 특히 결승점 1킬로미터를 남겨두고 펼치는 라스트스퍼트는 내 인생 최고의 순간이었다. 그 과정에서 한두 사람을 추월하는 맛이 일품이었다. 그런 인생을 살아왔다.

그러다 무릎 연골이 찢어지는 아픔을 겪으면서 내 인생 최대 변화가 찾아왔다. 그렇게 좋아하던 모든 운동을 멈췄다. 멈추면 비로소 보인다고 했던가? 그 이후 그동안 보지 못했던 많은 것들을 보게 되었다. 가장 먼저 '나'를 보았다. 그동안 나와의 대화가 진행되었다고 생각했지만 한 번도 제대로 돌보지 않았다. 위로는커녕 책망만을 일삼으며 살았다.

그러다 맨발 걷기를 만났다. 비로소 나를 사랑하고 위로하며 좋아하게 되었다. 나를 찾은 것이다. 47년 동안 그렇게 무시하고 외면했던 내 자신을 찾으면서 새로운 인생을 만났다. 독서, 글쓰기와의 또 다른 만남은 행복이 무엇인지 찾게 해주었다. 살아갈 남은 시간을 행복으로 가득 채울 수 있는 운명을 만났다. 매일 쓰는 글쓰기가 내 삶에 행복을 가져다줄 줄이야.

맨발로 걷고 책을 읽고, 글 쓰는 삶을 위해 가장 필요한 것이 시간과의 만남이다. 음주가 시간과의 이별을 재촉했다면 절주는 시간과의 만남을 주선했다. 절주가 필요한 이유다.

새벽 4시에 일어나면서 내 삶은 최고의 변화, 개혁을 만났다. 술 마시지 않는 날은 새벽에 일어나는 것이 그 무엇보다 쉽다. 어릴 때부터 익숙한 새벽과의 만남 때문이다. 그렇게 하기 위해 가장 필요한 것은 전날 일찍 자는 것이다. 물론 늦게 자도 되지만 몸과 마음의 평정을 찾을 수 없다. 삶을 사는 이유가 건강과 행복이기에 충분한 휴식을 위한 수면이 필요하다. 늘 6시간 정도는 자야 된다고 생각하기에 그 시간에 잠자리에 들려고 노력한다. '수면 부채'는 가장 싫어하는 단어다.

새벽 4시 기상을 하면서 함께 갖춰야 할 것은 맑은 정신과 편안한 몸 상태다. 그러기 위해서는 숙면해야 한다. 숙면을 위해서는 편안하게 자야 한다. 가끔 피곤한 상태로 소파에서 자다보면 새벽 한 두 시에 깬다. 그런 다음날은 손해다. 밸런스가 깨져 습관이 제대로 만들어지지 않는다. 삶에서 가장 필요한 것이 조화와 균형이다.

매일 새벽 4시에 일어나는 형식적 습관이 아닌 그 시간에 일어나 정해진 일에 몰입하고 집중할 수 있도록 해야 한다. 한마디로 질적으로 최적화된 상태를 만드는 것이다. 정신과 신체가 안정되면 그날 해야 할 일을 제대로 할 수 있다.

사람은 목표를 먹고 산다. 어떤 일에 대한 목표를 정하면 그것을 실천에 옮긴다. 실천의 걸림돌은 여러 가지가 있다. 가장 먼저 마음먹기가 문제다. 생각이 바뀌면 행동이 바뀌듯 마음을 먹으면 실천에 옮기게 되어 있다.

'새벽 4시'와의 만남을 마음먹고 실행에 옮겼다. 엄숙하고 경건한 마음으로 잠자리에 들었다. 내일은 반드시 일어나리라 마음먹으니 그렇게 편안할 수가 없었다. 혹시나 하는 마음에 휴대전화 알람 기능의 도움을 받기도 했다. 알람 설정을 '새벽 4시'로 맞추는 것은 나와의 약속이다.

'새벽 4시'와의 만남으로 내 삶은 다시 태어난다. 부활의 시작이다. 그 어느 때보다 엄숙한 순간이다. 잠자리에 들기 전 샤워하는 순간에도 다짐한다. 내일은 반드시 그 시간에 일어나리라고. 커튼을 닫고 방을 최대한 어둡게 했다. 빛이 들어오지 않아야 숙면이 가능하다. 바닥에 이불 펴고 최대한 편하게 잠잔다. 보일러를 켜면 바닥이 찜질방이다. 숙면으로 진입이다.

휴대전화도 일부러 몸과 먼 곳에 둔다. 휴대전화 불빛이 숙면에 방해되기 때문이다. 그렇게 최대한 편안한 상태에서 잠자리에 들면 다음날 새벽 4시경 저절로 눈이 떠진다. 다른 사람들은 이렇게 말한다.

"너, 나이 들었나? 그 시간에 어떻게 일어나?"

"나이 먹어 새벽잠이 없어졌겠지."

그들의 말은 나에게 중요하지 않다. 난 지금 그렇게 실행하고 있으니까. 나도 사람이기에 6시간 정도 푹 자지 않으면 피곤하다. 최대한 일찍 잠자리에 들려는 이유다.

새벽 4시에 일어나면 가장 먼저 스트레칭을 한다. 머리를 두드리거나 귀를 만지기도 한다. 신체를 깨우기 위한 행동이다. 물 마시기는 필수다. 주황색 양파 껍질로 만든 물이 있다. 둥글래 차도 있다. 몸에 좋다고 하여 어느 순간부터 끓여 먹는다. 어릴 땐 찬물을 마셨다. 장을 비우기에 좋다는 말을 듣고서다. 요즘엔 따뜻하거나 미지근하게 해서 마신다. 몸에 더 좋다는 얘기를 들었기 때문이다.

스트레칭과 물 한 잔으로 본격적인 새벽 4시가 깨어난다. 거실에 마련한 책상과 노트북은 글쓰기 위한 소중한 공간이다. 공간 활용에 거실만큼 좋은 곳은 없다. 특히 새벽에 몰입과 집중이 잘 된다.

글쓰기를 시작하면서 가볍고 작은 노트북 하나를 구입했다. 노트북을 켜는 순간 또 하나의 세상이 열린다. 새벽 4시와 글쓰기의 만남이 시작된다. 새벽 4시는 고요하고 대부분 잠들어 있는 시간이라 나에 대한 대견함이 묻어난다. 글 쓰는 속도가 빨라지는 이유다. 모든 소리가 잠들어버린 그 시간 또 다른 나를 만난다. 컴퓨터 자판을 두들기다보면 몸과 마음이 맑아진다. 처음 시작할 당시에는 많은 시간이 걸리던 것이 이제 훨씬 단축되었다. 새벽 몰입이 주는 힘이요, 습관의 힘이다.

글을 쓰고 난 후 책을 든다. 최근 들어 시작된 독서 열풍이 식을 줄 모른다. 좀 더 일찍 시작하지 못한 안타까움을 현재의 집중 독서로 채운다. 읽고 싶은 책은 너무나 많은데 시간이 뒷받침해주지 못해 마음만 급하다. 새벽 이른 시간에 책 속의 주인공과 대화하는 시간은 나를 한층 더 성장하게 만든다. 책을 읽으면서 내 마음을 책에 녹인다. 어떤 사람들은 책을 읽을 때 저자를 보고 비판을 가하기도 한다. 나는 텍스트에만 집중한다. 그 사람의 삶이 어떤지는 전혀 개의치 않는다. 자신의 삶을 최대한 글로 녹여내는 것이 정답이지만 그러기 위해 노력하는 사람들의 삶도 가치 있다고 생각한다. 글자에 집중하여 핵심을 찾아 내 삶에 어떻게 녹일지가 독서의 가장 큰 목적이다. 그렇게 하다보면 나 자신이 절제의 힘을 얻을 수 있고 변화된 삶을 만들 수 있다.

자기계발서, 에세이 등을 읽으며 그 사람과 대화한다. 대화 속에서 내가 무엇을 얻을 것인지 늘 고민하고 생각하며 내 삶에 녹이려고 노력한다. 한 권의 책을 읽고 나면 그 사람의 다른 저서를 꼬리물기로 계속 읽어나간다. 그러다보면 그 사람 삶이 무엇이고 어떤 말을 하고 싶은지 쉽게 읽을 수 있다. 새벽에 시작되는 독서는 머리에 쏙쏙 들어간다. 새벽이 가장 좋은 이유다.

　글쓰기, 독서가 끝나면 맨발 걷기에 나선다. 세 가지 중 가장 오래된 나의 실천 습관이다. 2년 이상 꾸준히 하다 보니 이젠 삶이 되었다. 숨 쉬고 밥 먹듯 맨발 걷기는 일상이다. 하루라도 하지 않으면 견딜 수 없다. 해외여행에서도 꼭 맨발 걷기 장소를 물색하고 실행한다. 맨발 걷기는 늘 좋은 것을 나에게 선물한다. 새벽 4시 기상으로 글쓰기, 독서, 맨발 걷기를 매일 실천할 수 있음은 축복이다. 새벽 4시의 삶을 꾸준히 이어가리라.

몇 차례 실패를 뒤로하고

새벽 4시 기상의 가장 큰 훼방꾼은 누구일까? 바로 '술'이다. 새벽 4시 기상 결심 후 실천하고 싶은 생각이 간절했다. "실행이 답이다"라는 말처럼 실행에 옮겼다. 전날의 철저한 사전 준비 덕분에 다음날 쉽게 일어날 수 있었다. 그렇게 시작된 목표는 순탄하게 잘 진행되었다. 그렇게 할 수 있었던 이유는 그 시간에 일어나 해야 할 일이 있었기 때문이다.

글쓰기, 독서, 맨발 걷기 삼종 세트는 새벽 4시로 데려다주었다. 매일 밤 잠자리에 들기 전 다음날 그 시간이 기대되기는 처음이다. '내일 새벽은 또 어떤 느낌일까?', '그 시간에 일어나 무엇을 하지?' 같은 설렘 가득한 질문들이 매일 밤을 수놓았다. 하루하루가 소중하고 가치 있게 느껴졌다. 드디어 내가 살아가는 이유를 찾은 것이다.

잠이 들기 전 보통 숫자를 센다.

"하나, 둘, 셋, 넷, 다섯……."

숫자와 함께 놀다보면 어느 새 잠이 들어버린다. 그 다음날 몸의 피로는 온데간데없이 사라지고 개운함만 남아 있다. 침대 대신 방바닥 수면을 즐기는 이유다. 최대한 몸이 원하는 장소에서 잠을 잔다. 무엇보다도 숙면이 최고의 보약이기 때문이다. 숙면은 새벽 4시 기상의 좋은 친구요, 음주는 최대 적이다. 2018년 11월 8일부터 새벽 4시에 일어났다. 작심삼일의 위기를 극복하고 일주일을 무사히 넘겼다. 습관이 서서히 만들어져 갔다. 그 다음 월요일 새벽에도 습관은 이어졌다. 새벽 4시가 나에게 친한 친구로 이미 만들어진 것만 같았다. 방심이 문제였다. 그날 저녁 후배들과 모임이 있었다. 절주라는 목표를 세우기 이전의 일이다. 당연히 부어라, 마셔라 식의 모임이 진행되었고 다음날 새벽 4시는 물 건너간 목표였다. 마음의 부담은 크지 않았다. 그냥 한 번 해보자는 식의 목표였나 보다. 간절함이 배어나지 않았다. 그러한 이유 때문인지 내 자신에게도 크게 미안하지 않았다.

술 마시면 그날은 물론이고 다음날까지 피해가 간다. 몸과 마음이 흐트러지게 되어 그 여파가 다음날까지 이어진다. 이제는 습관을 만들기 위해서 하루가 아니라 이틀까지 사라진다. 나이가 들어가는 현상이다. 이 얼마나 손해인가?

하루를 건너뛰고 또 술 약속이 이어졌다. 당연히 다음날 새벽 4시에 일어나는 것은 무리였다. 비몽사몽간에 일어나더라도 목표한 세 가지 일을 모두 하는 것은 무리다. 물론 그 와중에서도 맨발 걷기는 매일 실천했다. 벌써 2년 이상 탄탄하게 자리 잡은 습관이기에 하루라도 빼먹을 수 없다. 새벽에 못하면 퇴근 후 저녁이나 밤에 해도 되기 때문에 별문제가 없다.

문제는 그동안 잃어버린 시간을 벌기 위해 새벽 1초가 아쉬운 상황에서 그렇게 하지 못하는 것이다. 그 다음 월, 수, 금으로 이어지는 술자리가 새벽 4시 기상의 목표를 1주일 내내 못하도록 만들었다. 잦은 술자리가 처음에는 괜찮지만 횟수가 잦아질수록 마음에는 허탈함과 우울함이 증가한다. 알코올이 두뇌에 주는 부정적 영향 때문이다. 술을 마시면 연속되는 폭음이 기다린다. 하루를 죽자고 마시면 그 다음날 쳐다보기 싫어야 할 텐데 오히려 반대상황이 된다. 더 마시고 싶어진다. 술을 끊고 싶은 이유고, 절주를 실행해야 하는 또 다른 이유가 된다.

음주로 이어진 일주일은 새벽 4시 기상을 하루도 실천하지 못했다. 악순환이 반복되었다. 목표를 이루지 못한 후회가 밀려왔다. 또 다른 돌파구가 필요했다. 새벽 4시에 일어나지 못함으로써 새벽에 해야 할 세 가지 일을 하지 못했고 그 상실감으로 하루하루가 무의미해졌다. 목표 지향적 삶을 살아왔던 나에게 새록새록 피어나는 상실감은 상당했다. 내 자신에게 실망한다는 것은 그 무엇보다 견디기 힘든 것이다.

새로운 시도가 필요했다. 앞에서도 말했듯이 그렇게 절주가 시작되었다. 절주를 하면서 새벽 4시 기상의 약속 실천은 쉬웠다. 새벽 4시와 절주는 뗄 수 없는 밀접한 관계다. 새벽 4시 기상을 위해서는 절주가 필요했고 절주를 위한 주요한 핑계도 새벽 4시에 일어나는 것이었다. 그만큼 둘은 서로를 위해 꼭 필요한 존재다.

계속된 실패로 의기소침해 있던 내게 절주는 가뭄의 단비였다. 새벽 4시 기상과 함께 술을 끊고 싶다는 생각을 계속 가져왔기에 그 날은 내 삶에 기억될 새로운 변화의 신호탄이었다. 절주를 결심하자 새벽 4시에 일어날 수 있다는 자신감이 확신으로 바뀌었다.

내 안에 있는 나와의 끝없는 약속은 실천이 관건이다. 마음이란 참 오묘하다. 나와 타인과의 관계에서도 빠질 수 없는 소중한 것인데 이것을 잘 다스리면 목표를 이룰 수 있다. 만약 그 반대의 경우는 절대 이룰 수 없다. 마음의 소리에 귀를 기울어야 하는 이유다. 절주를 시작하면서 마음에게 부탁했다.

'이제 나도 제대로 살아야 한다. 부탁한다. 마음아.'

그러한 간절함이 묻어나와서 일까, 절주가 제대로 지켜졌다. 상대적으로 새벽 4시의 삶도 쉽게 이뤄지는 듯 했다.

2018년 12월 28일. 술 끊은 지 41일째 되는 날이었다. 2018년 12월 마지막 금요일이기도 하다. 저녁에 대학 동기들과 모임이 있었다. 나를 포함한 세 명의 친구가 도란도란 이야기꽃을 피웠다. 술은 맥주에 안주는 양 꼬치였다. 술을 끊었다는 말에 친구들이 한 마디 한다.

"네가 술 끊었다고?"

"대단한데?"

"어, 물 마실 거다. 술은 마시지 않고."

"그래라, 너는 물 한 잔 하고 우리는 맥주 마시고."

그 친구들은 원래 술을 좋아하지 않는다. 마셔봐야 맥주 한두 병 정도다. 당연히 나의 절주를 지지하고 응원해준다. 그렇게 별 무리 없이 물을 마시며 모임이 진행되는 듯 했다.

잠시 후 걸려오는 한 통의 전화 벨 소리.

"여보세요? 잘 지내셨습니까?"

"네, 잘 지내시죠?"

"여기, 동대구역인데 소주 한 잔 하시지요?"

"아, 제가 술을 끊어서요. 가기는 가겠습니다만 술 마시기가 좀 ……."

"그냥, 오셔서 한 잔만 하고 가세요."

"네, 알겠습니다. 지금 바로 출발하겠습니다."

아는 지인분의 전화였다. 가기도 그렇고 가지 않기도 그런 애매한 상황이었다. 일단 간다고 했으니 지하철을 타고 그곳에 도착했다. 가기 전 벌써 세 명이 양 곱창에 소주를 한 잔 걸치고 있었다. 물로 술을 대신하기엔 절대로 안 될 그런 분위기였다. 할 수 없이 '오늘만 마시자'라는 마음으로 술을 한 잔 털어 넣었다. 이제 겨우 한 달 정도 된 절주로는 술의 달콤함을 이길 수 없었다.

첫 잔을 들이키는데 그 맛이 무아지경이었다. 쌉쌀함, 시원함, 짜릿함 등 있는 단어를 모두 조합해도 모자랄 지경이다. 한 잔을 마신 후 이어지는 두 잔째, 역시나 주당의 모습은 내 안에 잠자고 있었다. 좋은 사람들과의 만남 속 이어지는 술잔은 절주고 새벽 4시고 뭐고 없었다. 정말 쫙쫙 잘도 잔을 비웠다. 쌓여가는 술병의 숫자가 한 병, 두 병, 세 병……여덟 병, 아홉 병…… 한 사람당 상당한 양을 비웠다. 그것도 두 시간 정도 걸렸으니 얼마나 빠른 속도로 마셨는지 짐작이 갈 것이다. 2차에로 이어지는 술자리. 그날도 나와의 약속은 여지없이 무너졌다.

비몽사몽간에 집으로 도착해서 씻는 둥 마는 둥 잠을 잤다. 다음날 새벽 4시는 물 건너갔다. 6시 정도에 일어나 맨발 걷기 하러 나갔다. 후회막급이었다. 나와의 약속을 저버린 것은 물론이고 새벽 4시, 절주 세 가지 약속이 모두 허무하게 사라졌다.

'그 자리에 가지 말았어야 했었는데.'

후회는 늦었다. 땅을 치고 가슴을 쳤으나 이미 지나간 일이었다. 또 다른 목표를 세우는 일이 필요했다. 물론 술을 마시고도 새벽 4시에 일어나 할 일을 문제없이 하면 가장 좋다. 그렇게 안 되는 것이 문제다. 술 마시고 나면 다음날 새벽 4시에 일어난다 해도 정신이 맑지 못하기에 좋은 글이 나올 리 없다. 몸과 마음이 맑고 깨끗해야 내가 생각하는 글이 나올 수 있다.

또 다시 절주와 새벽 4시 기상의 약속이 필요한 순간이었다. 어떻게 보면 한평생 이런 상황이 반복될지 모른다. 그만큼 그동안 이어져온 인간관계가 술로 맺어져온 결과이기 때문이다.

그날 이후 두세 번 더 반복된 술자리는 절주와 새벽 4시 기상을 어렵게 했다. 그렇지만 예전에 비하면 거의 마시지 않는 것과 다름없다. 서서히 자리를 잡아가고 있는 새벽 4시 기상의 습관이다.

이것을 통해 내가 찾으려고 하는 것은 분명하다. 그 동안 잃어버린 시간에 대한 보상은 물론이고 '나'를 찾는 것이다. 내 안에 잠자고 있는 또 다른 나에 대한 약속을 철저하게 지켜나가는 것이 목표다. 그동안 읽지 못했던 책, 글쓰기, 맨발 걷기를 철저하게 하기 위해서는 새벽 4시와의 만남이 꼭 필요하다. 더 이상 늦기 전에 이 습관을 나의 트레이드마크로 가져가고 싶다. 오늘도 새벽 4시에 일어나 글을 쓰고 있는 이유다.

맑은 몸, 맑은 정신

건강한 삶을 살기 위해 필요한 것은 무엇일까? 보통 꾸준한 운동, 균형 잡힌 영양섭취, 충분한 휴식 등을 예로 든다. 다른 것은 의식이 깨어 있을 때 의지를 가지고 충분히 할 수 있다. 운동 같은 경우 자투리 혹은 여가 시간에 규칙적으로 할 수 있고, 균형 잡힌 영양섭취 또한 본인이 생각만 가지면 얼마든지 실천할 수 있다. 그에 비해 충분한 휴식은 제대로 실천하기 어려운 면이 있다. 이것은 잠을 통해 실현하는 경우가 많다. 나 또한 그러한 경험을 많이 했다. 근심이나 스트레스 등으로 생각이 많아지면 충분한 숙면을 취하기가 어렵다.

보통 12시를 기준으로 이전과 이후로 나누는데 12시가 넘으면 제대로 잠을 이룰 수 없다. 거기에다 생각이 복잡하고 많으면 자고 나도 몸과 정신이 개운하지 않다. 그러한 경험 중 가장 고통이 심한 때가 있었으니 바로 학위 논문을 쓸 때였다.

2004년과 2005년에 걸쳐 집중적으로 논문을 썼는데 그 해가 가장 힘들었던 것으로 기억한다. 논문 주제 찾기, 이론적 배경 만들기, 선행연구, 수업하기, 결론 등 논문 틀과 그것을 완성하기 위한 끝없는 작업 과정을 거쳤다. 하루 온 종일 논문 생각을 하다보면 12시를 넘기는 것은 예사다. 자기 전 끝없이 생각하고 또 생각하는 시간을 가졌다. 그러다보니 어떨 때는 새벽 2시, 3시가 되어 잠자리에 들곤 했다. 그렇게 하루 4시간~5시간 정도 잠을 자고 나면 다음날은 하루 종일 몽롱한 상태로 지낸다. 그런 생활의 반복은 삶의 질을 떨어뜨리고도 남았다.

그땐 잠을 제대로 자기 위한 방법을 알지 못했다. 오직 논문을 완성해서 대학원을 졸업해야 한다는 것에만 관심이 있었기에 모든 하루의 일과가 거기에 맞춰져 있었다.

숙면을 제대로 한 시점은 맨발 걷기를 하게 되면서부터다. 흔히 맨발 걷기를 하면 잠을 잘 잔다는 얘기를 한다. 나 또한 그런 경험을 했다. 잠을 잔다는 것은 어떤 의미일까? 깊게 잔다는 것이다. 가끔 잠을 자다 꿈을 꾸면 숙면을 취하지 못한다.

맨발 걷기를 시작하면서 발바닥은 끝없는 자극을 받는다. 그곳을 흙 알갱이로 자극하면서 몸의 순환이 잘 된다. 맨발 걷기를 끝내고 나면 활발한 순환과 자극으로 인해 몸이 최대한 편안한 상태가 된다. 숙면을 취할 수 있는 이유다.

자기 전 잡념을 최대한 줄이려고 노력한다. 노력한다는 것이 오히려 생각을 부추길 수 있으므로 최대한 생각하지 않는 멍한 상태를 유지한다. 머릿속에 복잡한 생각을 많이 하면 할수록 수면의 질은 떨어진다. 특히 잠자기 전 5분간은 다른 생각을 하지 않고 오직 자는 것에 집중한다. 좋은 방법으로는 숫자를 세는 것이다. 1부터 시작해서 연속되는 숫자를 생각하다 보면 나도 모르게 스르르 잠이 든다.

맑다는 것은 무엇일까? 맑음은 깨끗함을 말한다. 물질로 따지면 불순물 혹은 첨가물이 거의 들어가지 않은 것이다. 순수함을 말하기도 한다. "순도 100%를 자랑한다"는 말이 그것을 잘 나타내준다.

어릴 때부터 새벽 공부를 좋아했다. 이상하게 새벽에 공부를 하면 집중이 잘된다. 암기 과목 같은 경우는 요약 능력이 몇 배로 좋아지는 것 같다. 마치 내가 초능력자라도 된 듯 착각에 빠진다. 그렇게도 외워지지 않는 것도 새벽만 되면 우주의 기를 받아서인지 척척 외우게 되고 능률도 몇 배로 좋아진다. 새벽의 힘이다.

음주를 절주로 바꾸려는 이유도 마찬가지다. 술을 마시면 몸과 마음은 최대한 나쁜 상태가 된다. 술을 마실 때는 그것을 알지 못한다. 주로 사람을 만나기 위해 술을 마시기 때문에 술자리가 처음 시작될 때는 만족감과 흡족함이 앞선다. 시간이 흐르면서 술의 양이 늘고 그때부터 전세가 역전된다. 가장 최악은 다음날 출근할 때다. 전날 마신 술로 숙취가 쌓이고 몸과 마음은 최악의 상태가 된다. 속이 거북해지고 몸이 편안하지 못한 상태로 인해 다음날은 하루를 송두리째 잃어버리게 된다.

전날 과음으로 다음날 숙취해소에 전력하게 된다. 겨우 숙취를 해소하고 나면 밀려드는 피로에 계획된 일을 하지 못하고 잠자리에 든다. '음주→숙취→숙취해소→수면'의 악순환에 빠지게 된다. 새벽에 해야 할 일을 못하는 것은 당연한 결과다. 혹시나 새벽에 일어난다고 해도 몸이 피곤하고 정신이 몽롱한 상태가 되므로 다른 일할 엄두를 내지 못한다.

술 마신 다음날 쓰는 글은 생각이 존재하지 않는 행위다. 글이 제대로 될 리가 없고 제대로 된다 해도 나의 글이 아니다. 생각하고 또 생각하며 몸과 마음을 다 바쳐 쓴 글일 때 제대로 된 작품이라고 할 수 있다.

예전 같으면 새벽에 일어나 하루를 몽롱한 채 지냈다. 그런 증상은 맨발 걷기 이후로 사라졌다. 그만큼 몸과 마음이 맑게 유지된다. 거기다 절주까지 이어지면 최상의 상태. 의식적으로 잠자리 들기도 숙면 노력의 하나다. 최악의 잠자리는 여러 가지가 있다. 그 중 하나가 무의식적으로 자는 경우다. 의도하지 않게 자는 것이다.

보통 피곤하거나 일이 싫어질 때는 텔레비전에 의지한다. 그렇게 되는 대표적 이유가 음주다. 술을 마신 다음날에는 소파에 누워 리모컨 놀이를 한다. 그러다 나도 모르게 잠을 잔다. 소파에서 취하는 잠이 편할 리 없다. 거기다 불까지 켜놓는 날은 말하지 않아도 알 것이다. 생물은 태양에 의해 생활한다. 생체시계가 있다. 해가 뜨면 일어나 일을 하고 음식을 섭취하며 해가 지면 음식 먹기를 중단하고 잠을 자야 한다. 그게 제대로 지켜지지 않으면 숙면을 취할 수 없을 뿐만 아니라 하루 생활이 엉망된다. 제대로 잠잘 수 있는 방법은 전날 최대한 일찍 먹고 원하는 시간에 잡념을 떨쳐버리고 자는 것이다. 그렇게 출발하면 숙면이 되고 다음날 새벽에도 알람 없이 일어나게 된다. 음주하면 이러한 습관에 브레이크가 걸린다. 결국 새벽 4시 기상을 위해서 절주는 불가피하다.

새벽 4시에 일어나면서 맑은 몸과 정신을 유지한다. 여러 방법으로 숙면하면서 가장 맑고 편안한 상태로 새벽을 맞이한다. 그때 쓰는 글은 어느 때보다 잘 써진다. 술술 넘어간다. 새벽 시간이 아닌 경우 두 시간 이상 걸리던 글이 새벽에는 한 시간 정도로 단축된다. 내가 쓰는 것인지 다른 사람이 자판을 두드리는 것인지 구별이 안될 정도다. 그만큼 집중과 몰입이 잘된다. 낮이나 밤의 세 배 이상 효과가 있는 것 같다.

낮이나 저녁엔 다양한 소리가 들린다. 그 속에는 소음도 제법 있다. 사람 소리, 차 소리, 아이들의 떠드는 소리 등 집중하지 못할 이유가 여러 가지 존재한다. 그러한 환경에서 몰입하고 집중한다는 것이 쉽지는 않다. 당연히 몸과 마음이 혼란하다. 그에 비해 새벽은 몸과 마음을 최대한 맑게 유지할 수 있다. 주변 소음이 거의 없다. 새벽 4시에 일어나 활동하는 사람이 거의 없고 그 시간엔 몸과 마음이 최고의 상태를 유지하기 때문이다. 새벽 청소차 소리가 음악처럼 들리기도 한다.

고요와 침묵만이 존재하는 주변의 환경에 따라 내 몸과 마음도 최대한 맑게 유지된다. 그 속에서 글을 쓴다는 것은 축복이다. 그렇게 집중하여 한 시간 정도 글을 쓰고 나면 그 다음은 독서를 한다.

책 또한 술술 잘 읽히는 것이 새벽 시간이다. 요즘 책 속에 흠뻑 빠져 있다. 그 단적인 예로 명절에 시골에 갔을 때의 변화다. 예전 같았으면 이틀 내내 술독에 빠져 지냈을 것이다. 술을 좋아하는 형님과 함께 기울이는 술잔이 그렇게 흥겹고 좋을 수가 없다. 이제는 시골 갈 때는 노트북과 책을 챙긴다. 자투리 시간이나 휴식 시간에 책을 읽는 즐거움은 그 무엇에 비할 바가 아니다. 그만큼 책과 친하게 지낸다. 글 쓰고 난 다음 맨발 걷기 하기 전까지의 시간은 무조건 책과 함께한다.

책과 친해진 이후로 내 삶은 엄청난 만족감으로 가득 차게 되었다. 그동안 학위나 여러 가지 일들로 전문서적은 많이 접했지만 인문학, 자기계발서, 에세이 같은 경우는 거의 읽지 못했다. 최근 그런 책들과의 만남으로 삶이 한층 업그레이드되었다. 당연히 삶의 만족도가 높아졌다.

이 모든 것은 새벽 4시 기상으로 맑은 몸, 맑은 정신을 유지하기에 가능한 일이다. 새벽 4시와의 만남은 내 삶을 완전하게 바꿔놓았다. 만족도는 물론이고 이렇게 사는 것이 제대로 된 내 삶이라는 확신이 든다. 나에게 맞는다고 모든 사람에게 강요할 수는 없다. 그래도 한 번 정도는 맑은 몸과 정신을 유지할 수 있는 새벽 4시와의 만남을 경험해보는 것은 어떨까? 그만큼 새벽 4시가 내게 주는 답은 기적이다. 새벽 4시와의 꾸준한 만남으로 변화된 내 삶을 여러분들과 공유하고 싶다.

하루 시작의 의미

해마다 새해엔 특별한 일을 한다. 바로 해맞이다. 결혼 전 해맞으러 간 적은 없었다. 복잡한 인파, 추위, 이른 시간 등 거쳐야 할 것들이 너무 많기 때문이다. 그랬던 것들이 결혼과 함께 변화가 찾아왔다.

처가는 부산이다. 중학교 때까지 핸드볼 선수를 했던 장인어른은 근면, 성실의 표본이다. 술과 담배를 전혀 하시지 않은 이유도 있지만 새벽에 늘 일찍 일어나서 운동한다. 최근에는 맨발 걷기에 흠뻑 빠져 1년 이상 하고 있다. 그런 면은 나와 매우 비슷하다.

아내와 결혼 이후 원칙을 세웠다. 매년 크리스마스엔 본가를, 연말엔 처가를 방문하는 것이다. 그렇게 정한 이유 중 하나는 해돋이를 보는 것이다. 부산에는 바닷가가 인접해 있어 일출 보기에 안성맞춤이다. 장인어른과 함께 시작된 해맞이 장소는 광안대교다. 광안대교는 새해 첫날 해맞이를 위해 통제된다. 평소에는 꿈도 꾸지 못할 일을 새해 첫날부터 시작한다. 차량으로 북적되는 그곳을 걸어간다는 것은 상상만 해도 대단한 일이다. 바다 위를 날아가듯 거니는 모습에서 새해 첫날의 의미를 부여해본다.

일출을 보는 것도 하나의 습관이다. 예전에는 '날도 춥고 사람도 붐비는데 굳이 뭐 하러 일출 보러 가지?, 집에서 텔레비전으로 보는 것이 훨씬 낫겠다.'고 생각했다. 실제로 가보니 완전히 달랐다. 왜 사람들이 기를 쓰며 일출을 보려고 하는지 이해가 갔다. 보통 어둠 속에서 해 뜨기를 기다린다. 집에서 광안대교까지는 차로 10여 분 걸린다. 해 볼 수 있는 곳까지 가려면 20여 분은 걸어야 한다. 총 30여 분의 시간을 계산하고 집에서 나온다. 새해에는 해가 보통 7시 30여 분쯤 뜬다. 해 뜨는 장면을 자세히 보고 느끼기 위해서는 좋은 자리를 잡아야 한다. 너무 늦으면 해도 볼 수 없을뿐더러 가까이에서 볼 수 없다. 6시 30분 정도 집에서 나선다. 차를 몰고 광안대교 톨게이트 입구까지 간다. 그곳에 차를 대고 지하도를 걷다보면 도착한다. 수많은 인파가 몰려든다. 일일이 물어보지 않았기에 어디서 온 분들인 줄 알 수 없다. 남녀노소가 함께 이룬 행렬이 피난 행렬이다.

여름에는 부산 해운대 바닷가에 서울 등 전국 각지에서 온 인파가 홍수를 이룬다. 그것에 빗대어 생각해보면 해맞이도 전국 각지에서 몰려들었을 것이다. 우리 가족이 대구에서 왔듯이.

숨죽이고 해를 기다리다보면 점차 사람들이 몰려든다. 7시를 넘어 10분, 20분, 30분쯤 되면 바닷가 위가 점차로 붉어진다. 마치 호박 덩어리 하나가 물밑에 있다가 서서히 떠오르는 것 같다. 점차 주위가 검붉게 물들여지면서 서서히 둥근 물체가 고개를 살포시 내민다. 마치 숨바꼭질할 때 술래가 다 찾지 못해 '못 찾겠다 꾀꼬리'를 외치면 남은 사람들이 뛰쳐나오는 모습이다. 그 모습이 처음엔 느리다가 어느 순간 불덩이 하나가 불쑥 하고 솟아오른다. 그 모습을 보면 몸에 전율이 일어난다. 부들부들 떨 듯 몸이 반응을 한다. 태양이 떠오를 때쯤 그동안 마음 속 가득히 품고 왔던 소원을 빈다. 소원은 제각각일 것이다. 가족의 건강, 사업 번창, 승진, 취업, 대학 입학 등 가지도 종류도 다양할 것이다. 그렇게 사람들은 자신의 바람과 소원을 가슴 속에서 태양을 향해 내뿜듯 비는 의식을 치른다.

불과 몇 분 되지 않는 순간을 위해 새벽부터 추위와 맞서 싸우며 그곳에 도착한다. 가보지 않은 사람들은 그 짜릿함을 느끼지도 알 수도 없다. 새해를 맞이하는 방식과 의미는 모두 다른 형태다.

하루의 시작은 새벽이요, 일주일의 시작은 월요일이고, 한 달의 시작은 첫 날이며, 새해의 시작은 1월 1일이다. 새해에 대한 거룩한 의식을 치르고 나면 일 년이 잘 풀릴 것은 예감이 든다. 그해 한 해를 돌아보며 잘 풀렸건 그렇지 않건 간에 나는 늘 새해를 맞이한다.

하루도 마찬가지다. 전날 늦은 잠으로 제대로 의식을 갖추지 못하면 하루를 망칠 수밖에 없다. 하루하루가 모여 일 년, 평생이 된다. '시작이 반'이라고 하는 이유다. 하루를 어떻게 시작하느냐에 따라 평생의 운명이 결정된다고 해도 지나친 말이 아니다. 그만큼 하루의 시작은 각자의 삶 속에서 중요한 의미를 지닌다.

하루는 자정 이후부터 자정 이전까지의 시간을 말한다. 즉, 밤 12시 이후부터 밤 12시 이전까지의 시간이다. 하루를 물리적인 시간 24시간으로 나눴을 때의 이야기다. 그 중 하루를 언제 시작하느냐는 사람에 따라 제각각이다. 어떤 사람은 전날 밤 9시 정도에 잠을 자서 새벽 1~2시에 일어나는 사람이 있는가 하면 어떤 사람은 새벽 5~6시까지 일을 하고 다음날 오후에 일어나는 사람도 있다.

해가 뜨면 일을 하고 해가 지면 잠을 자야 한다. 태어날 때부터 그렇게 하도록 되어 있다. 그 패턴에 변화가 생길 때 문제가 일어난다. 잠을 자야 할 때 자지 못하고 깨어 있어야 할 때 잠을 자는 경우다. 현대인의 다양한 직업으로 이러한 문제는 빈번하다. 그 외에는 개인 의지로 얼마든지 조절할 수 있다.

최근 게임이나 인터넷, 컴퓨터의 발달로 제때 잠을 자지 않는 사람들이 증가하고 있다. 특히 PC방 같은 곳에서 밤을 새는 경우도 많다. 이럴 경우 심각한 건강상 문제를 일으킬 수 있다. 하루 시작을 제때 하지 못해 일상이 불편하고 행복하지 못한 경우가 생기게 된다.

하루를 제대로 시작하는 것은 중요하다. 첫 단추를 잘 꿰어야 나머지 단추도 잘 맞는다. 사람의 체질이나 생각에 따라 모두 다르겠지만 새벽을 잘 깨우는 것이 하루를 올바르게 시작하는 것이 아닐까?

나는 새벽 4시에 하루를 시작한다. 새벽 4시 삶을 시작한 계기는 하루를 제대로 열어야 한다는 생각을 강하게 가지고 있었기 때문이다. 그것도 규칙적으로 꾸준히.

습관의 힘에 대한 강한 믿음이 있다. 습관은 생각으로 움직이는 것이 아니라 저절로 기계처럼 되는 것이다. 보통 습관 형성은 66일쯤 되면 완성된다고 한다. 나의 새벽 4시도 그것을 훨씬 뛰어 넘었으니 습관이라 부를 만하다.

새벽 4시 삶을 사는 이유는 여러 가지가 있지만 가장 중요한 것은 하루를 제대로 시작하는 것이다. 새벽 4시에 일어나면 불을 켠다. 불을 가장 먼저 켜는 이유는 생체 시계에 하루가 시작되었음을 알려주기 위해서다. 불을 켜면 눈이 떠지면서 신체가 서서히 일어날 준비를 한다. 정말 피곤한 날은 불을 켠 채로 다시 잘 수도 있다. 그런 날은 그대로 잠을 잔다. 몸이 원하기 때문이다. 그 이외에는 모두 일어나 하루를 힘차게 연다.

물 한 잔으로 몸과 마음을 깨운다. 내가 좋아하는 물은 주황색 양파 껍질을 끓여 만든 것이다. 양파는 흔히 콜레스테롤 제거에 효과가 있다고 알려져 있다. 매일 마시는 양파 물이 내 몸을 가장 가볍고 건강하게 만들어준다는 믿음이 있다. 신기한 것은 그렇게 끓였을 때 양파 맛이 많이 나지 않는다는 것이다. 황금빛 물이 신비롭게 보인다.

2리터 주전자에 양파 껍질을 깨끗이 씻어 넣는다. 이때 하얀색 양파 껍질을 넣으면 안 된다. 바로 상하기 때문이다. 한 번은 그 부분이 아까워 넣었다가 낭패를 본 적이 있다. 그 이후로는 주황색 부분만 넣어서 사용한다. 몇 날 며칠을 두어도 상하지 않는 신비로운 묘약이 된다.

물 한 잔 마시면 몸이 따뜻해지고 정신도 맑아지는 나만의 특효

약이 만들어진다. 하루를 여는 신비의 물 한 잔이 나에게는 힘이 된다. 물 한 잔 마시고 정신을 가다듬으면 눈에 힘이 들어가고 뭔가를 하고 싶은 생각이 든다.

글쓰기를 시작한다. 노트북 전원을 켜는 순간 마음의 준비가 된다. 그날 해당되는 원고의 제목을 보고 마음을 정리하며 글을 쓰다 보면 나도 모르게 원고가 써진다. 신비한 체험이 아닐 수 없다. 낮이나 밤엔 그렇게 쓰기 어렵던 글도 이 순간만큼은 언제 그랬냐는 듯이 써내려간다. 새벽의 힘이다. 글쓰기를 마치고 나면 독서, 이후 맨발 걷기로 하루를 시작한다.

이 행위는 반복된 습관의 힘이다. 어느 날 굉장히 스트레스 받고 힘든 적이 있었다. 집에 들어서자마자 게임하는 아들에게 소리를 질렀다. 평소 같았으면 지나쳤을 일인데 그날은 그냥 지나치지 못했다. 가만히 생각해 보니 그날 하루를 제대로 시작하지 못해서 일어난 결과였다. 하루를 제대로 시작하지 못하면 하루 종일 우울하고 기분이 처진다.

새벽 4시 삶이 필요한 이유다. 하루 시작은 한 주, 한 달, 일 년, 평생의 시작이다. 하루를 제대로 열기 위한 각자 나름대로의 방법을 터득할 때다.

새로운 삶을 만나다

　나와 술은 어떤 관계가 있을까? 술과의 만남 속에서 늘 드는 의문이었다. 술독에 빠져 살아온 세월이 길면 길수록 망가지는 것은 한 순간이다. 아무리 좋은 사람도 자주 만나면 그 사람의 단점과 허물이 보인다. 누구에게나 실망하고 또 새로운 인간관계를 만드는 이유다. 이 모든 것은 그 사람의 됨됨이와는 아무 관계가 없고 오로지 내 자신의 판단에 의한 것이다. 세상에 똑 같은 것은 존재하지 않는다. 단지 같은 것으로 보려는 눈과 마음이 있을 뿐이다.

　술은 마시면 취한다. 중요한 것은 내 몸 속에 퍼지는 이물질에 대한 생각과 받아들임에 의해 결정된다. 나에게 있어서도 마찬가지다. 처음 한 잔을 들이킬 때 위장 속으로 퍼지는 짜릿함은 그 무엇과도 바꿀 수 없는 희열이요, 즐거움이다. 한 잔, 두 잔 점점 수가 늘어나면서 의식이 혼미해지고 정신이 몽롱해진다. 습관의 문제다. 처음 몇 잔을 마시고 취기가 오르면 중단해야 한다. 그런 사람들도 많이 있다. 나 같은 경우 취하지 않는 정도의 음주는 허전함을 불러일으킨다. 차라리 마시지 않는 편이 낫다고 생각한다. 엄청난 위험이 도사리고 있다. 술 마시고 취하면 걱정되는 이유다. 다음날 어떻게 집에 들어왔는지 기억나지 않을 때도 있고 마지막을 어디에서 보냈는지조차 기억나지 않는 날은 최악이다.

술을 엄청 들이부었다. 음주 습관은 스스로와의 갈등으로 번진다. 술로 인해 가장 많이 싸우는 존재는 내 자신이다. 스스로와의 약속을 저버렸다는 슬픔과 짜증이 동시에 일어난다. 또 약속을 지키지 못했다는 자존심으로 자존감은 바닥을 친다. 당연히 일상생활이 우울 모드로 변한다. 빈곤의 악순환이다. 몸과 마음의 허약함이 모든 일상이 되어간다. 겉으로 보기에는 너무나도 멀쩡하지만 내면의 갈등은 최고조로 변한다.

최근 들어 그러한 마음이 더욱 심해졌고 뭔가 특단의 조치를 취해야겠다는 결론에 이르게 되었다. 술과의 이별을 실천하게 된 결정적 계기는 새벽 4시 기상이다. 어릴 때부터 새벽의 중요성을 알기에 새벽과 함께하는 삶을 살았다.

맥주 한 캔, 두 캔을 마시고 새벽에 일어나는 날도 있다. 그러한 이유로 주변에서도 절주를 권하곤 한다. 그렇지만 새벽과 상쾌함의 두 마리 토끼를 모두 잡고 싶은 마음은 술을 멀리하게 만든다. 맥주 한 캔이라도 마신 날은 개운함과 맑은 정신 유지가 어렵다. 몸이 찝찝하고 무겁다. 알코올의 역효과다. 잠이 잘 오지 않거나 숙면을 취하지 못할 때 술 한 잔이 효과가 있다고 하는데 나 같은 경우는 큰

덕을 보지 못했다. 오히려 얕은 수면을 만들었고 다음날에도 영향을
미쳤다.

　새벽 4시 기상으로 삶에 변화가 일어났다. 하루 3시간 정도 몰입
거리가 생겼고 편안함과 여유로 시작한 새벽으로 일상의 모든 것이
긍정 모드로 변했다. 그렇다고 예전보다 일이 줄어든 것은 아니다.
그래도 찡그리지 않고 웃으며 대할 수 있는 이유는 이러한 생활패턴
의 변화로 가능한 일이다. 새벽 4시 기상에 직접적 도움을 준 습관
이 바로 '절주'다. 절주 실천으로 내 삶의 완전 변화가 일어났다.

　가장 큰 변화는 '나'를 사랑하게 된 것이다. 절주의 실천으로 가
장 놀란 것은 내 자신이었다. 이전까지 맨발 걷기를 하루도 빠짐없이
실천한 습관을 가지고 있었다. 이 습관은 다른 좋은 습관 형성에 동
력이 되었다. 맨발 걷기 습관이 글쓰기로, 독서로 결국에는 절주까지
이르게 만들었다. 그러한 꾸준한 실천으로 내 자신을 대단한 존재로
인식하게 되었다. 이전까지는 한 없이 초라하고 보잘 것 없는 존재로
여겼지만 절주로 이어지는 습관을 만들면서 내 자신을 찾게 되었다.
　일상이 규칙적으로 이루어진다. 하루의 생활패턴이 새벽 3시간
글쓰기, 독서, 맨발 걷기, 출근, 퇴근 후 도서관에서의 공부 등으로
규칙적으로 형성되었다. 이전 음주에 한창 빠져 있을 때에는 상상도
하지 못할 일이다.

가족 있는 삶을 산다. 가족과 함께 저녁 식사하고 대화하며 자녀를 챙기는 시간이 만들어지고 있다. 음주를 했을 때 내 마음 속에는 온통 친구, 동료, 선·후배로 가득 차 있었다. 참 어처구니없는 삶이었다. 물론 그들이 중요하지 않은 존재는 아니지만 세상에서 가장 중요한 버팀목은 역시 가족이다. 내가 아무리 잘못하고 힘들어 하더라도 지지해주고 응원해주는 것은 가족밖에 없다. 그것을 깨달을 수 있었던 힘도 역시 절주다.

정상적으로 생각하는 삶을 가지게 되었다. 알코올로 인해 바라본 세상은 거짓이었다고 말한 적이 있다. 그 이유는 내 생각 속에 존재하는 다른 악마의 눈으로 세상을 판단한 것이다. 물론 호르몬의 영향으로 내 기분과 마음이 다양하게 변하기도 하지만 알코올로 인한 판단은 정상적이지 않다. 허상이 존재했다. 그러한 신기루가 사라지고 정상적인 몸과 마음으로 세상과 만나게 되었다.

술을 마시면 늘 우울해졌다. 정확한 이유는 알 수 없지만 정신적으로 피폐해갔다. 삶의 의미를 알 수 없었고 허무해졌으며 자살 충동에도 빠졌다. 아마도 세로토닌과 엔도르핀 분비가 줄어들었기 때문이 아닌가 생각된다. 그러한 이유로 늘 부정적 감정에 사로잡히게 되었다. 술을 줄이자 삶이 달라졌다. 웃는 횟수가 많아졌다. 출근을 하면 하루가 어떻게 지나가는지 모를 정도로 일에 파묻혀 산다. 예전 같으면 신경질이 나 힘들 법도 한데 요즘은 웃음이 떠나질 않는다.

체력적으로나 정신적으로 정상적 삶을 산다. 화가 나는 순간에도 대수롭지 않게 여기는 마음이 생겼고 힘든 일에도 충분히 극복할 수 있음을 주문처럼 외웠다. 조셉 머피의 잠재의식의 힘을 믿으며 "나는 잘 된다, 모든 일은 잘 끝날 거야. 나에게는 힘든 일이 없을 거야."를 늘 외치고 생각한다. 그 덕분인지 신기한 일이 많이 벌어진다. 알코올을 줄임으로 모든 면에서 절제의 삶이 가능해지고 있다.

경제적으로 많은 여유가 생기기 시작했다. 술은 많은 경제적 손실을 가져온다. 술을 마시면 경제 개념이 흐려진다. 일단 돈을 내고 본다. 카드라도 가지고 있는 날에는 스스럼없이 긁는다. 그 액수가 한두 번 모이기 시작하면 가랑비에 옷 젖는 줄 모른다. 월급날이 되면 카드 값과의 전쟁이다. 빈곤의 악순환이다. 카드 값이 모이면 그 다음달 월급은 소리 없이 사라진다. 한두 푼 모으면 어마어마한 금액의 돈이 될 텐데 그러한 생각이 없었다. 그 결과 가정경제에 심각한 파탄을 가져온다. 이런 생활은 술 마시고 나서부터 지금까지 이어졌다. 얼마나 한심한 작태인가. 술 마시고 난 다음날엔 속이 쓰라리다.
술을 줄이고 어느 날 슈퍼마켓에 갔다. 과일, 과자, 생필품 등 이것저것 사고 나니 가격이 5만원대였다. 술값으로 나갈 수도 있었던 금액으로 가족의 풍족한 생활을 가능하게 하다니 허탈했다.
"예전에 진작 아꼈으면 집 몇 채는 샀겠다."
푸념 아닌 푸념을 내뱉으니 아내가 한 마디 한다.
"아직 늦지 않았어. 지금이라도 아끼면 되지."

참 고마운 한 마디다. 예전 같았으면 전혀 아깝지 않았을 돈이 절주로 인해 100원짜리 동전 하나도 아깝게 여기는 마음이 생겼다. 긍정적 효과다.

이외에도 몸과 마음이 가벼워지는 등 여러 가지 좋은 점은 말할 수 없이 많다. 인간관계를 새롭게 만들어야 하는 어려움도 있지만 노력으로 충분히 가능하다고 믿는다. 그동안 술 마시는 사람들과의 만남이 주로 이뤄져왔기 때문에 겪는 고난이다. 책 속에서 다양한 사람들과의 대화도 흥미로울 수 있고, SNS에서 만나는 다양한 그룹들과의 만남도 늘 신선하고 기대된다. 앞으로 절주를 통해 다양한 세상과 소통하는 문화를 만들어보겠다.

chapter 3

건강한 생활습관으로
다시 태어난 삶

사람은 건강과 행복을 위해 산다고 해도 지나친 말이 아니다. 그만큼 건강과 행복은 삶에 중요한 요소다. 건강은 돈이나 명예보다 훨씬 더 소중하다. 건강을 잃으면 모든 것을 잃기 때문이다. 건강한 생활습관은 하루아침에 이루어지는 것이 아니라 꾸준한 실천을 통해 얻을 수 있다. 어린 시절 아버지로부터 끝없이 들었던 이야기가 어느 새 나의 건강생활습관으로 자리 잡았다. 그 이야기 속으로 들어가 보자.

긍정적으로 생각하기

　어린 시절 늘 긍정적이라고 생각했다. 가난의 어려움을 꿋꿋이 버티며 잘 이겨냈기 때문이다. 스스로도 긍정적인 사람으로 여겼다. 주관이 확실하고 남 의견에 갈팡질팡하지 않았다. 모든 것은 내가 만든 착각이었다. 성인이 되면서 마음 속 불만이 쌓여갔다. 불평, 불만의 대가가 되었다. 나와 다른 생각이 용납되지 않았다. 외골수적인 생각과 행동이 이어졌다. 홀로 아리랑을 좋아했다. 그렇게 외로운 섬 생활이 시작되었다.

　'왜 이렇게 되었을까?', '긍정적인 내 모습은 어디로 갔단 말인가?' 부정적 생각과 말, 행동은 술로 더 강해졌다. 술자리에서는 마음 속 품었던 여러 가지 생각들을 가식 없이 그대로 뱉어냈다. 그게 제일 좋은 방법이었다. 그렇게 하지 않으면 머리가 터질 것 같았다. 그만큼 젊어서일까? 그것보다는 남을 받아들이는데 익숙하지 않았다는 표현이 더 맞을 것 같다.

내 생각과 다른 것은 잘못된 것이 아니라 나와 다를 뿐인데 그렇게 생각하지 않았다. 맞추기가 싫었다. 그야말로 독단적 생각과 아집으로 똘똘 뭉쳤다.

맨발 걷기를 하고 난 이후 서서히 바뀌기 시작했다. 땅을 밟게 되면서부터 마음 속 평화가 찾아왔다. 맨발 걷기는 신체 건강뿐만 아니라 정신 건강도 만족하게 만든다. 흙이라는 물질은 인간에게 많은 것을 안겨준다. 세상의 중심이 나라는 생각을 가지게 해주었다. 그 이전엔 모든 것을 부정적으로 바라보고 생각했다. 세상에서 가장 싫은 존재가 바로 '나'였으니까. 그런 이유로 마음속에 부정적 사고가 생긴 것 같다. "사람은 자연에서 태어나 자연으로 돌아간다"라는 말을 늘 듣고 자랐지만 실제로 그렇게 생각해본 적은 없다. 그런 생각을 할 겨를이 없었다. 어려서부터 아버지의 병환과 가난 속에서 하루하루 살아가는 것이 힘겹고 어려웠다.

초등학교 때 학습준비물이 필요할 때마다 골목에서 어머니와 실랑이를 했다. 지금이야 대부분을 학교에서 주지만 그 당시는 스스로 준비해야 했다. 형편이 지금보다 그때가 훨씬 어려웠는데 지원되지 않는 것은 아이러니하다. 나라도 살기 어려웠던 시절이라 그런가보다.

하루는 선생님이 과학 시간 실험 때 쓸 돋보기를 사오라고 했다. 집에 가서 어머니에게 말했다. 특별한 반응을 보이지 않았다. 다음 날 학교 갈 때가 되었다.

"엄마, 돋보기 사가야 돼요."

"오늘은 사기가 어려우니 그냥 가거라."

"안 돼요. 선생님이 오늘 꼭 가져오라고 했단 말이에요."

"그냥, 가 지금은 사기가 어려워."

"안 된다니까요. 사줘요."

"이러다 지각하겠다. 어서 가."

"이 녀석이 오늘 왜 이래. 빨리 안 가?"

"아, 안 사주면 학교 안 가."

"너 혼 좀 나 볼래? 어서 안 가?"

"안 가, 안 가."

골목길을 밀물이 밀려왔다 썰물이 지나가기를 반복한 끝에 그냥 학교에 갔다. 창피했다. 나름 학교에서 공부 좀 한다는 위치에 있었기 때문에 가난은 내 자존심에 멍에를 씌웠다. 다른 아이들은 대부분 준비물을 가져 왔는데 나만 그렇지 못했다는 실망감이 가슴을 억눌렀다. 그렇다고 엇나가거나 하지는 않았다. 가난이 죄가 되지는 않으니까.

지금 생각해보니 철없던 시절의 어리광이었다. 어머니 가슴에 큼지막한 대못 하나를 박게 되었으니까. 어머니께 말씀 드리니 전혀 기억을 하지 못하셨다. 나에겐 엄청난 일이었지만 워낙 살기 어려웠던 어머니에겐 하나의 에피소드에 지나지 않았나보다. 그러한 일들은 어린 나의 마음속에 조그맣게 싹튼 부정적 생각의 시초가 아닐까 생각된다.

타고난 승부욕 또한 부정적 사고의 원인이었다. 어릴 때부터 운동을 좋아했다. 그 당시 가장 많이 한 운동은 축구, 야구였다. 축구는 주로 학교 운동장이나 논 같은 곳에서 공을 가지고 놀았다. 남성다운 운동으로 축구만큼 좋은 것은 없었다. 달리고, 차고, 부딪히고, 넘어지며 친구와의 우정을 쌓아갔다. 문제는 경쟁이 동반되는 게임에서 늘 골을 넣고 싶다는 욕심이었다. 어찌 보면 인간의 타고난 본성이라고 생각될 수도 있지만 강한 승부욕으로 늘 남과 갈등 관계에 놓였다. 그러한 일은 아웃이냐? 세이프냐? 같은 판정에서 일어났다. 하루는 축구를 하다가 친구와 싸우게 되었다. 친구가 공을 몰고가다가 라인 밖으로 공이 나갔으나 계속 몰았다.

"야, 아웃, 공 이리 주라."

"왜? 선 밖으로 안 나갔어. 아웃 아니야."

"야, 내가 방금 봤다. 아웃이라니까."

"아냐. 아웃 아니라니까."

"내가 똑똑히 봤다니까? 아웃이야."

"네가 멀리서 어떻게 보이냐?"

"진짜 이해 안 되네. 아웃이라니까."

결국 그렇게 해서 친구와 싸우고 축구를 그만하고 집으로 돌아갔다. 그러한 일들이 한두 번이 아니다.

어떤 일이 벌어지면 우겨서 내 판단대로 하지 않으면 참을 수 없었다. 잘못 보면 아집, 독선이었다. 그러다 보니 다른 친구들과의 관계도 불편할 수밖에 없다. 그러는 사이 어떤 일이 뜻대로 되지 않으면 불평, 불만이 쌓이게 되었다. 좋게 말하면 자기 주장이 강한 것이고 나쁘게 말하면 자기 마음대로 하는 부류의 학생이었다. 지금 생각해 보면 아무것도 아닌 일에 너무 촉을 곤두세우고 싸운 것 같다. 그러한 식으로 어릴 때부터 못 말리는 승부욕 강한 학생이었다.

어릴 때부터 중이염을 달고 살았다. 정확히 몇 살 때인지는 알 수 없으나 초등학교 들어가기 전부터 귀가 아팠다. 1970년대 의료 시설이 좋으면 얼마나 좋겠는가, 보통 중이염은 감기 끝에 온다. 감기 걸린 후 제대로 치료하지 않으면 생긴다. 귀는 크게 외이, 중이, 내이의 세 부분으로 나뉜다. 중이는 가운데 귀로 고막 있는 부분이다. 고막은 소리를 들리게 하는 부분으로 청각에서 제일 중요하다. 중이염은 청각을 서서히 잃게 만든다. 특히 힘들게 하는 것은 농이다. 흔히 고름이라고 하는 것인데 심하면 귓밥을 따라 밑으로 흘러내린다.

초등학교 4학년 때다. 하루는 수업을 하고 있는데 왼쪽 귓밥 부분에 뭔가 흘러내리는 느낌이 들었다. 옆 짝꿍이 선생님께 이렇게 말했다.

"선생님, 얘 귀에서 고름 나와요."

"어, 그래? 알았다."

"문택아, 앞으로 잠시 나와 볼래?"

"어, 많이 아팠겠구나. 양호실(지금의 보건실)로 가자."

평소에 늘 겪었던 일이지만 순발력 있게 처리해서 친구들에게는 보이게 않게 했다. 그날은 어떻게 하다보니 친구들에게 공개되는 일이 일어났다. 물론 다른 친구들은 대수롭게 여기지 않았지만 나는 창피해서 혼났다. 선생님이 방과 후 우리 집에 찾아오셨다. 아버지, 어머니를 만나 이렇게 말씀 하셨다.

"자녀의 귀가 생각보다 심각합니다."

"빨리 치료하지 않으면 큰 일 날 수 있어요."

"잘 알겠습니다. 보시다시피 저희들 사는 형편이 이래서."

"그래도 아이를 생각하시면 빨리 병원에 가서 치료를 받는 편이 좋겠습니다."

대충 이런 식의 대화가 오고 갔다. 물론 치료를 받지 않은 것은 아니었다. 꾸준히 치료를 했지만 차도는 없었다. 의료 기술의 한계로 밖에 생각할 수 없다. 지금은 성공적인 수술로 아무 문제없이 잘 지내지만 그때 느꼈던 감정은 부정적 사고의 원인이 되었다. 가난한 환경, 성격, 질병으로 살아온 삶이 부정적 사고의 밑바탕이 되었던 것 같다. 내가 변하게 된 결정적 계기는 앞에서도 언급한 맨발 걷기다.

남들은 맨발 걷기 하면 신체적 질병이 나아진다는 얘기를 많이 한다. 그렇지만 나 같은 경우는 마음의 위로를 많이 받았다. 그동안 가져왔던 부정적 사고를 긍정적으로 변할 수 있도록 만든 결정적 계기가 되었다. 특히 '나'를 사랑하게 되었다. 그동안 그렇게 나를 싫어하고 미워했던 자신이 부끄럽고 한스러웠다. 남의 시선, 비판, 이목에 신경 쓰며 그들의 생각대로 살아온 로봇이었다고 할 수 있다. 그러다보니 내가 하고 싶은 것보다는 남들이 좋아하는 일을 하게 되었다. 다른 사람들이 보기에 성공이라고 생각하는 일들을 했다. '세상의 중심은 나'라는 생각을 하게 되면서부터 달라졌다. 이제는 하고 싶은 일을 하고 산다. 모든 것은 내가 생각하는 대로 보인다. 글쓰기와 독서는 이러한 생각을 더 강하게 만드는데 도움이 되었다. 특히 글쓰기는 마음의 응어리를 제거하는데 결정적 역할을 했다. 한마디로 치유의 글쓰기다.《미움 받을 용기》라는 책을 읽으면서 이러한 생각을 더 확고히 했다.

　세상의 진리는 존재하지 않는다. 다만 내가 보는 대로 만들어진다. 그 대상에 어떤 가치를 부여하느냐에 따라 모든 것은 달라진다. 결국 중심은 나다. '내가 생각하는 대로 세상은 움직인다'는 단순한 진리를 깨닫고 난 후 삶이 달라졌다. 이제는 마음이 편하다. 하고 싶은 것을 하고 있으니까. 마틴 셀리그먼의《긍정심리학》도 이러한 생각에 한몫을 했다. 맨발 걷기, 독서, 글쓰기의 맨·독·글은 긍정적 사고의 습관을 만들어주는데 멘토가 되었다. 앞으로도 맨·독·글을 평생 친구로 삼고 살아가는 내 모습을 발견하게 되리라 기대한다.

싱겁게 먹기

어릴 때 아버지가 쓰러지셨다. 정확한 병명은 모르겠지만 지금 생각해보면 뇌 관련 질병이다. 중풍이라고 불리는 뇌졸중인 것 같기도 하다. 한때 명필이라고 할 정도로 분명한 필체를 가지고 계셨다. 병환을 앓으시면서 그 필체는 사라지고 유치원생이 썼다고 할 정도의 보잘 것 없는 형체로 변했다. 해병대를 다녀오실 만큼 기골이 장대하고 혈기왕성함은 어디로 갔는지 걸음조차 걸을 수 없었다. 부축해줘야 겨우 화장실을 다녀올 정도였다. 병이 무서운 줄 그때 처음 알았다. 한 사람의 인생을 송두리째 앗아갔다. 다섯 가족의 생활은 어렵게 이어나갔다. 가장의 중요함을 알 수 있었다. 사람은 중심을 이루는 허리를 다치면 힘을 못 쓴다. 아버지 역할이 척추가 아니었을까? 불행인지 다행인지 어머니가 그 역할을 대신했다. 정말 죽을 만큼 힘드셨을 텐데 한 번도 내색하지 않았다. 오히려 괜찮다며 모든 것을 우리에게 돌려주셨다. 참 힘든 생활의 연속이었다. 신이 존재한다면 이럴 수가 있을까 생각할 정도로 너무 가혹했다. 그렇지만 모든 일에 절망만 있는 것은 아니다. 그 속에서도 찾으려고만 한다면 얼마든지 긍정적인 면을 찾을 수 있다.

질병으로 피폐해진 아버지는 건강에 대한 관심이 폭발적으로 늘어났다. 당신의 건강을 앗아간 질병과의 전쟁이 시작된 것이다. 몸에 좋다고 하는 음식은 다 찾으셨다. 어릴 때부터 건강 관련 정보와 습관이 형성된 것은 모두 아버지 덕분이다. 아버지는 의사 저리가라라고 할 만큼 건강 정보를 많이 알고 계셨다. 아는 만큼 보인다고 했던가, 결국 아버지는 건강 박사가 되셨다.

아버지가 말씀하신 건강 관련 정보는 여러 가지가 있다. 어릴 때부터 부모님 말씀 잘 듣자고 다짐했었기에 아버지가 하시는 모든 것에 귀 기울이고 그대로 따라했다. 삼남매 중 아마도 건강 관련 지식과 실천을 가장 잘한 것은 내가 아닐까 한다. 지금도 그 습관을 꾸준히 유지하고 있으니 말이다.

건강 관련 이야기 중 가장 먼저 귀에 들어온 것은 '싱겁게 먹기'다. 어느 순간부터 늘 하시는 말씀이 "싱겁게 먹어라"였다. 어릴 때부터 호기심을 가득 안고 살았기에 하루는 궁금해서 여쭈었다.

"아버지, 왜 싱겁게 먹어야 돼요?"

"음식에는 나트륨이라고 하는 게 있는데 짜거나 싱겁게 만들 때 쓰지. 너, 소금이라고 알고 있지? 그 소금에 많이 들어있는 게 나트륨이다."

"근데 그게 어째서요?"

"나트륨을 많이 먹으면 건강에 좋지 않아."

"어떻게 안 좋은데요?"

"우리 몸 속에는 피가 흐르는 혈관이 있는데 나트륨을 많이 먹으면 고혈압에 걸려서 아프게 돼."

"고혈압이요? 그게 뭐예요?"

"조금 어려운데 수도관이 가늘어지면 물이 잘 흐르게 하기 위해 압력을 높이지? 그러다보면 잘못하면 관이 터질 수 있잖아, 그래서 위험하지. 압력이 높아지는 게 고혈압이야."

"그러면 싱겁게 먹으면 뭐가 좋아요?"

"싱겁게 먹으면 혈압이 높아지는 것을 막을 수 있어서 좋지."

"아, 그렇구나. 저도 그러면 싱겁게 먹을게요."

대충 이러한 대화가 오갔던 것으로 기억한다. 어린 나이에 고혈압이라는 것을 알지는 못했다. 어렴풋이 싱겁게 먹으면 건강해질 것이라는 생각이 들었다. 싱겁게 먹는 습관은 그렇게 시작되었다. 그로부터 거의 40여 년을 싱겁게 먹어왔다. 지금도 아무리 맛 좋아도 짜면 손이 가질 않는다. 내게 가장 맛있는 음식의 기준은 일단 싱거워야 한다.

결혼을 하고 아내가 음식을 해준다. 아침 식사에 국이 없어도 말이 없다. 반찬이 한 가지라도 감사하게 생각한다. '밥'을 먹는 게 어디인가. 단 한 가지 짜다면 문제가 달라진다. 이 세상에서 가장 맛있는 밥은 아내가 손수 만들어주는 것이다. 물론 싱겁게 만들어야 한다.

결혼 하고 나니 장모님 음식을 맛볼 기회가 생겼다. 음식으로 말하면 궁중요리 대가에게도 뒤지지 않을 만큼 일품이다. 깔끔하고 담백하며 맛깔지다. 글로 따지면 군더더기 없이 명쾌하다. 명품 음식에도 하나의 단점이 있었다. 내 입맛에 다소 짰다. 장모님 고향은 경상남도 사천예전의 삼천포이다. 바닷가에서 자란 것으로 봐도 충분히 그 맛을 짐작할 수 있다. 보통 짜고 싱거움을 '간'이라고 한다. 바다는 소금 성분으로 짜다. 그곳을 배경으로 자라신 분들은 대체로 짠 음식에 익숙하다. 싱거우면 음식 맛이 없는 것으로 생각한다. 해산물 요리를 할 때면 으레 소금을 팍팍 친다. 내게는 치명적이다. 아무리 맛있는 음식도 짜면 손이 가지 않으니까.

하루는 우리 집에서 저녁 먹을 기회가 있었다. 장모님이 손수 전을 부치셨다. 부추 전이었다. 프라이팬에 기름을 두르고 노릿노릿하게 만드셨다. 물론 해산물로 오징어는 필수로 들어갔다. 정말 보기에도 먹음직스러웠다. 전을 부치기 전 아내는 신신당부를 했다.

"엄마, 임 서방은 짜면 안 먹어요."

"그래도 간이 되어야 맛있지."

"짜면 안 먹으니까 소금 치지 마세요."

"소금을 어떻게 안 치니?"

"아무튼 알아서 하세요. 짜면 안 먹는다고 말씀드렸어요."

"참 별일이다. 소금을 어느 정도는 넣어야지."

아내와 장모님의 대화 사이에 짠 것을 먹지 않는 별스런 사위로 비춰졌다. 처음에는 소금을 치지 않으셨다. 전을 부치다가 짜증이 나셨는지 아무도 보지 않는 순간 소금을 팍 치셨다. 그 모습은 지금도 생생하다. 잠시 후 부친 전을 입에 넣으니 역시나 짜다. 허나 어쩌랴, 장모님의 정성이 담긴 음식을 앞에 두고 투정을 부릴 수는 없지 않은가?

"임 서방, 간이 어떤가? 짜지 않나?"

"아니요, 맛있습니다."

"짜면 말하게."

"네."

짧은 대화 속에 전을 거의 입에 오물거리며 다 먹었다. 물론 짜다는 것은 말하지 않아도 알 수 있을 것이다. 이 순간만큼은 간이 크게 문제되지 않았다. 음식이 너무나 맛있었기 때문이다. 장모님이 특별히 만드신 음식 앞에 이러쿵저러쿵 말하고 싶지 않은 이유도 있었다. 그저 감사할 따름이다.

시골에서는 해마다 어머니께서 김장을 손수 하신다. 어릴 때부터 먹어 왔던 김장은 짜다는 생각뿐이었다. 아버지도 짠 것을 싫어하셨지만 김장만큼은 어쩔 수 없으셨나보다. 해마다 먹는 김치의 짠 맛을 해결할 방법은 늘 불평, 불만을 늘어놓는 것이었다. 음식 하는 입장에서는 먹는 사람의 평가가 무엇보다 중요하다. 어머니라고 예외는 아니다. 어떤 음식을 하고 난 후 꼭 평을 듣고 싶어 한다. 음식이 입에 맞는지, 간은 어떤지 꼭 물어본다. 내 평가의 기준은 싱거우냐, 짜냐가 전부였다. 음식 맛의 기준이 나처럼 단순한 사람도 없을 것이다. 아무리 맛 있어도 짜면 불합격이다.

추위가 찾아오면 시골에서는 김장을 한다. 보통 11월말에서 12

월초다. 그때마다 부탁, 또 부탁을 드린다. 제발 싱겁게만 해 달라고. 마흔 살이 되던 어느 날이었다. 그날도 김장을 하는 날이었는데 다음과 같은 부탁을 드렸다.

"어머니, 김장 하시지요? 이번에도 짜면 안 먹습니다."

"주는 대로 먹지, 뭐 그리 말이 많냐?"

"그냥 싱겁게만 해줘요. 맛은 말 안 할 테니까요."

"알았다. 이번에는 싱겁게 해볼 테니까."

나의 마음이 전달되었는지 그날 난생 처음으로 제대로 된 맛있는 김치를 먹게 되었다. 싱거운 김치, 그것이 내 맛의 전부다. 해주는 것만으로도 좋지만 이왕이면 싱겁게 먹는 습관 유지에 도움이 되도록 해주면 좋겠다.

다행히 아버지가 싱겁게 드시므로 음식이 싱겁게 만들어지고 있어서 좋다. 지금도 싱겁게 먹는 습관은 잘 유지되고 있다. 물론 회식이나 술자리에서는 잘 지켜지지 않는다. 만들어진 음식 자체가 짜니까 불가능하다. 먹지 않고서는 안 되기에 울며 겨자 먹기 식으로 먹는다. 외식을 줄여야 하는 이유다.

경상도 음식 자체가 짜기 때문에 싱겁게 먹기 운동이라도 벌여야 할 판이다. 삼계탕 먹을 때, 순댓국 시켰을 때조차 소금은 멀리 치운다. 다른 사람들의 의아한 시선을 외면한다.

이런 습관도 진주 유등 축제 때의 경험으로 보면 결코 싱겁다고 말할 수 없다. 그곳에서 음식을 얼마나 싱겁게 먹는지 테스트를 받았다. '보통 맛'이라는 기준의 콩나물국은 맹탕이었다. 우리가 얼마나 음식을 짜게 먹는지 알 수 있는 기회였다. 앞으로 싱겁게 먹기 운동에 전 국민이 동참해야 하는 이유다.

아내는 지금도 음식을 잘 만든다. 내 입맛에 맞게 싱겁게 하기 때문이다. 100세 시대 건강해야 장수할 수 있다. 인명은 재천이라 건강을 장담할 수는 없지만 건강한 식습관 유지가 필요하다. 그런 의미에서 싱겁게 먹고 있는 나의 습관에게 감사하다.

천천히 먹기

"꼭꼭 씹어 먹어라. 체할라"라는 말은 어릴 때부터 귀가 닳도록 듣던 이야기다. 우리 집뿐만 아니라 모든 부모님들이 이런 말씀을 하신다. 아버지께서는 "30번 이상 씹어라"라는 말씀을 자주 하셨다. 단순히 "꼭꼭 씹어라"라는 말보다 구체적인 숫자가 있어서 실천하기 쉬운 좋은 점이 있다. 이 말을 따라 자주 실천한다.

급한 성격 탓에 빨리 먹기 선수였다. 초등학교 시절 놀이거리가 많지 않았다. 논에서 축구하기, 운동장에서 야구하기 등 운동이 주를 이루었다. 지금이야 각종 온라인 게임이 발달되어 신나게 할 수 있지만 그 시절은 신체를 직접 이용하는 활동이 대부분이었다. 학교에서도 마찬가지다. 체육시간이나 쉬는 시간 죽도록 달리고 뛰고 움직였다. 그래서 건강했던 것 같다.

초등학교 4학년 때는 쉬는 시간이면 늘임봉 타기가 유행이었다. 급히 밥을 먹고 신발을 손에 든 채 전력 달리기를 해서 늘임봉을 쟁

취해야 했다. 서바이벌 게임을 방불케 했다. 오직 그 자리를 먼저 차지하는 게 목표였다. 다른 어떤 것도 머리에 떠오르지 않았다. '일념', 한 가지 생각이라는 한자어가 딱 들어맞는 순간이다. 자연히 밥을 빨리 먹을 수밖에 없었다. 점심시간이면 마음 속 '시작' 소리와 함께 밥을 입으로 끌어넣는다. 씹을 새도 없이 바로바로 넘겨 삼켰다. 그 후 신발 들고 달리기가 시작된다. 영화 〈친구〉에 나오는 한 장면이다. 그렇게 해서 늘임봉을 먼저 잡으면 행운권에 당첨된 기분이었다. 그런 이유로 어린 시절 꼭꼭 씹어 먹기는 아예 할 수 없었다. 하지 않았다. 지금 생각해보면 무척 나쁜 건강 습관이다.

대학 입학 후 우리 과 학생 중 나와 성씨, 파, 생일까지 똑같은 친구를 만났다. 참 신기한 일이다. 물론 외모, 성격 등 모든 면에서 나보다 월등한 친구다. 키 177cm 정도에 외모도 연예인 급이다. 여학생들 사이에서 식을 줄 모르는 인기를 가지고 살았다. 부러울 따름이었다. 그 친구랑 죽마고우처럼 지냈다. 점심 식사할 기회가 자주 있었다.

하루는 식당에 밥을 먹으러 갔다. 대학 1학년 때부터 기숙사에 있었기 때문에 아침, 저녁은 기숙사에서 먹고 점심 식사는 인근 식당에서 해결했다. 주로 좋아했던 음식은 비빔밥, 야채 볶음밥, 김치찌개 등 한식이었다. 그날은 비빔밥을 시켰다. 비빔밥은 나물이 많기 때문에 꼭꼭 씹어 먹어야 하는 특징이 있다. 평소 밥을 빨리 먹는다는 생각은 하지 않고 살았다. 어릴 때부터 받은 교육으로 나름 천천히 먹고 있다는 생각을 했다. 그날도 내 생각에는 나름 천천히 꼭

꼭 씹어 먹는다고 생각했다. 그 친구가 나에게 이런 말을 했다.

"야, 너 엄청 빨리 먹네."

"나도 빨리 먹는다고 소문났는데 나보다 더 빨리 먹는 친구는 네가 처음이다."

"그래? 나 엄청 천천히 먹었는데?"

"아이다. 엄청 빠르다. 대단하다."

그 이야기를 듣고 난 후 기쁘기 보다는 반성 모드로 변했다. '아, 내가 빨리 먹는구나'라는 생각과 함께 천천히 먹는 습관을 가져야겠다고 다짐하는 계기가 되었다.

밥을 먹을 때 천천히 먹어야겠다는 생각을 가지고 있을 때와 그렇지 않을 때 속도의 차이는 엄청 다르다. 생각을 하고 먹을 때는 마음속으로 몇 번 이상 씹어야겠다는 생각이 든다. 그렇게 하다보면 자연적으로 천천히 먹는다. 그런 생각 없이 그냥 먹다보면 생각보다 빨리 먹는다.

이런 습관이 잘 지켜지지 않는 경우는 아침 식사 시간이다. 새벽에 글 쓰고, 책 읽은 후 맨발 걷기를 하고 나면 7시 정도가 된다. 아침 출근을 일찍 하기에 밥을 빨리 먹는다. 물론 밥 양을 1/2공기 채 안 되게 먹기 때문에 생각보다 빨리 먹을 수 있다. 적은 양 먹기를 습관화하기 위해 그렇게 먹어도 크게 불편하지는 않다. 적게 먹기가 필요한 이유다.

천천히 먹는 습관에 가장 알맞지 않은 경우는 국수나 죽같이 후루룩 먹기 쉬운 음식이다. 이러한 음식은 주로 뷔페에 가면 많이 접

할 수 있다.

학교 급식에서도 가끔 특식으로 나온다. 국수는 씹을 사이도 없이 목구멍으로 쉽게 넘어간다. 먹는 양 조절에도 실패한다. 국수는 금방 배가 꺼지기 때문에 적게 먹으면 허기가 빨리 찾아와 나도 모르게 양을 조금 많이 가져온다. 죽은 더 심하다. 죽은 소화가 잘되고 목 넘김이 쉽기 때문에 많은 양을 먹곤 한다.

천천히 먹는 습관은 성격과도 밀접한 관계가 있다. 평소 다른 사람들보다 조금 급한 성격이다. 일할 때도 가급적 빨리빨리 하려는 경향이 강하다. 그러다보니 먹을 때도 빨리 먹는 편이다. 그래서 의식적으로 천천히 먹으려고 한다.

학교 급식 때 여러 사람과 함께 먹는다. 요즘은 늦게 먹는 경우가 많다. 대부분 생각보다 빨리 먹는다. 먹는 양은 내가 더 적음에도 불구하고 식사 시간은 더 길다. 그런 경우 기분이 좋아진다. 천천히 먹기가 건강에 좋기 때문이다.

습관은 하루아침에 만들어지지 않는다. 어릴 때부터 들어왔던 아버지의 말씀을 늘 생각한다. "천천히 먹어라. 꼭꼭 씹어 먹어라"라는 말은 하나의 격언이요, 교훈이다. 늘 실천하려고 마음속으로 다짐하고 또 다짐한다.

요즘 글쓰기, 책 읽기, 맨발 걷기를 꾸준히 실천하며 머릿속으로 많은 생각을 한다. 글을 쓸 때도, 책을 읽을 때도, 맨발로 걸을 때도 많은 생각과 질문을 스스로에게 한다. 천천히 질문하다보면 느림의 미학을 경험한다. 먹을 때도 마찬가지다. "급하게 먹다 체한다"는 말처럼 허겁지겁 먹다보면 생각도 없이 끝나는 경우가 많다. 먹을 때도 천천히 생각하며 먹어야겠다는 다짐과 함께하면 마음도 편해지고 음식 맛도 느낄 수 있어서 좋다.

어떤 나라는 식사 시간이 한 시간 이상 정도로 이어진다고 하니 우리나라가 얼마나 빨리 먹는지는 말하지 않아도 알 것이다. 보통 20분 이상 걸리지 않는다. "후딱 먹는다"는 표현이 정확하다. '빨리빨리 문화'가 식사시간에도 그대로 적용된다. 빨리 먹기는 위에 부담을 주어 건강에 좋지 않다고 한다. 개인적으로는 정신 건강에도 도움이 되지 않는다고 생각한다. 천천히 먹으면서 맛도 음미하고, 하루의 일과도 돌아보는 휴식 시간이 되면 좋겠다. 그 자체를 쉬는 시간의 연장으로 생각하는 풍토가 만들어지면 좋겠다.

지금 학생들의 모습도 어릴 때 나와 비슷하다. 빨리 먹고 운동장 혹은 다른 장소에서 운동하거나 이야기하거나 노는 시간으로 활용하려는 경향이 강하다. 이 모습들은 집에서의 먹는 습관과도 밀접한 관련이 있다. 집에서 천천히 먹는 습관이 있는 가족은 학교에서도 천천히 먹는다. 어떤 아이들은 너무 늦게 먹어서 문제가 되는 경우도 있다. 먹는 것에 집중하지 않고 소위 딴짓을 하다 식사시간이 길어지는 경우다. 이런 것도 빨리 먹는 문화의 관점에서 보면 문제지만 그 아이 입장에서 보면 문제가 아니다.

뭐든지 빨리빨리 해야 정상인으로 인정받는 우리 문화에도 약간의 변화가 필요하리라 생각된다. 요즘 현대사회는 적응하기 어렵게 빨리 변한다. 질주라는 표현이 딱 어울린다. 생각할 겨를도 없이 흘러가는 사회 속에서 '나' 자신을 찾기 위한 가장 좋은 방법은 천천히 가는 것이다. 다른 사람들이 모두 빨리 간다고 해서 나 또한 그렇게 할 필요는 없다. 오히려 빨리 가는 속에서 느리게 가는 것이 차별화다. '슬로푸드, 슬로라이프'라는 단어가 눈에 띄는 이유다.

느리게 가는 것이 오히려 정상으로 보이는 문화가 필요하다. 천천히 하루, 혹은 인생, 주변을 돌아다보는 여유를 가져야 한다. '빨리 빨리 문화'에다 급변하는 세상이 합쳐지면 그야말로 '나'를 찾기에 어려움이 많다. "급할수록 돌아가라"라는 말의 참 뜻이 무엇인지 음미할 필요가 있다.

천천히 먹는 습관 만들기는 신체 건강뿐만 아니라 정신건강에도 많은 도움이 된다. 삶을 되돌아보고 반성하며 새로운 희망과 다짐을 하기에 천천히 먹는 습관은 많은 도움이 된다.

모든 삶에서 느리게, 느리게 가야 하는 이유가 여기에 있다. 바쁜 생활 속에서도 천천히 먹는 습관을 꾸준히 만들어가고 싶다. 천천히 하다보면 사회가 달리 보일 것이다.

오늘도 천천히 먹는 습관으로 모든 삶을 천천히 가고 싶다.

새벽 물 한 잔으로 몸 깨우기

우리 몸은 70%가 물로 이뤄졌다는 사실은 누구나 알고 있다. 이처럼 물이 우리 몸에서 차지하는 비중은 매우 크다. 물은 다양한 이야기를 가지고 있다. 밥 먹는 중에 물 마시지 않기는 물로 효소가 희석되어 소화에 방해가 되기 때문에 만들어진 이야기다. 운동을 하는 중에도 꾸준히 물을 마셔 몸에 부족하기 쉬운 수분을 보충해줘야 한다는 얘기도 있다. 물이 얼마나 중요한지를 잘 나타내주는 이야기들이다. 앞으로 미래사회는 물로 인한 여러 가지 문제가 발생할 수 있음도 늘 발표된다.

얼마 전 EBS 〈시선〉이라는 다큐멘터리에서 각국 나라에서 물 때문에 발생했던 문제를 해결하려는 다양한 사례가 제시된 바 있다. 해수면보다 국토가 낮은 나라 네덜란드에서는 제방을 쌓아 바닷물의 유입을 막았다. 문제가 해결된 듯 보였지만 나라 안에 있는 강의 범람으로 큰 문제가 발생했다. 친환경적 방법으로 이 문제를 해결했다. 프랑스에서는 빗물을 이용한 맥주 제조 등의 방법을 보여주기도 했다. 텔레비전 광고에서는 해수를 담수로 바꾸는 과정도 소개했다. 물이 왜 중요한지를 잘 나타내주는 모습들이다. 물에 대한 경각심과 더불어 잘 이용해야겠다는 생각이 드는 순간이었다.

우리나라는 예로부터 '국' 문화가 발달되어 있다. 식사 중에 국이 없으면 밥을 제대로 먹지 못하는 경우가 많다. 술을 마시면 해장을 하기 위해 콩나물국, 황태국, 북어국 등을 먹는다. 속풀이를 위해서다. 어린 시절 아버지는 약주를 좋아하셨다. 술 마시고 난 다음날에는 꼭 짬뽕을 시켰다. 그러면 내가 옆에서 거들었다. 막내만이 누릴 수 있는 특권이었다.

아버지가 말씀하신 것 중 국물은 가급적 먹지 말라는 가르침이 있다. 물과 관련된 것이다. 국으로 소화효소가 희석되는 문제가 있단다. 또 하나 국물을 마시면 나트륨 때문에 문제가 된다고 했다. 그 이후 국 먹을 때는 건더기만 먹는 습관이 생겼다. 보통 국물을 마시고 건더기를 남기는 경우가 많은데 나는 반대다. 지금도 음식 먹을 때 국물은 가급적 마시지 않는다. 좋은 점이 있다. 아침밥도 국 없이 거뜬히 잘 먹는다. 오히려 국 없는 볶음 등을 더 선호한다. 왠지 국물을 마시면 영양가 없는 소금덩어리를 마시는 듯해서 별로다.

요즘 들어 책이나 미디어에서는 국물을 많이 마시면 나트륨으로 인해 고혈압 같은 대사증후군이 많이 생길 수 있다고 우려한다. 그런 것을 보면 어릴 때부터 좋은 습관을 가지게 된 것 같아 다행이다.

이처럼 물과 관련된 이야기는 많다. 초등학교 때부터 새벽에 일찍 일어나야 했다. 초등학교 6학년 때부터 우리 집은 신문 지국을 했다. 그때부터 몸이 호전되신 아버지와 어머니께서 새벽 신문을 돌리셨다. 새벽마다 해야 하는 고된 일임에도 불구하고 30년 정도를 두 분이 하셨으니 정말 대단하고 존경할 일이다.

새벽에 일어나면 아버지는 늘 하는 일이 있다. 냉수 한 잔을 들이킨다. 그 덕에 나도 한 잔을 마시곤 했다. 아버지는 늘 이런 말을 했다.

"새벽에 냉수를 마시면 장을 깨끗이 씻어줘서 좋다."

"너도 한 잔 해라."

그 말을 듣고 냉수를 마시면 기분이 상쾌해진다. 새벽 냉수 마시는 습관은 그렇게 해서 시작되었다. 어머니는 냉수를 잘 못 마셨다. 원래 물 마시는 것을 좋아하지 않기 때문이다. 억지로 반 잔 정도 마시고는 신문배달에 나선다.

아버지는 어릴 때부터 건강 정보를 모두 꿰고 있었다. 지금 케이블 TV에 나오는 웬만한 건강 상식은 그때 들었던 이야기다. 그때만 해도 이런 이야기를 들을 곳이 신문, 책, 제한된 텔레비전 채널뿐이었다. 건강에 대한 관심이 남달랐던 아버지 덕분에 이런 정보를 들을 수 있었던 것은 행운이다.

맨발 걷기를 시작하면서 동시에 두뇌에 대한 관심도 많아졌다. 발바닥을 자극하면 두뇌 발달이 된다는 것을 알았다. 걷기와 치매 예방에 대한 글이나 책들도 많이 읽었다. 뇌 공부와 연수를 받으면서 알게 된 점 하나가 있다.

'물 한잔으로 두뇌를 깨우라는 것'이다. 물을 마시게 되면 그 물로 인해서 장이 깨끗이 씻겨지고 두뇌도 맑아진다고 한다. 장이 제2의 두뇌라는 말도 있다. 행복 호르몬인 세로토닌이 장에서 분비된다는 말을 들은 적이 있다. 이것을 보아도 물은 두뇌 활성화에 많은 도움이 되는 것 같다. 그래서 물을 마시면 기분이 맑아지는가 보다. 물을 자주 마시려고 하는 이유다.

초등학교 때부터 새벽에 대한 관심이 많았다. 그때 만들어진 새벽 기상 습관은 지금도 잘 이루어지고 있다. 새벽운동을 많이 했던 이유기도 하다. 운동을 언제 하는 게 좋으냐에 대한 의견은 분분하다. 개인적 생각으로는 자기 체질에 맞는 시간대가 가장 좋다고 생각한다. 습관도 중요한 몫을 차지한다. 어릴 때부터 몇십 년을 새벽에 일어나서 활동하는 것에 익숙한 나로서는 새벽 운동이 습관에 맞다. 또한 새벽에 냉수 마시는 습관도 초등학교 시절부터 이뤄져 왔던 것이라 당연하게 받아들인다.

새벽 4시에 일어나서 하는 일 중 어릴 때 습관을 이어가는 것이 '물 한 잔 마시기'다. 예전부터 해오는 것이어서 큰 문제는 없다. 물 한 잔 마시고 나면 몸과 마음이 스르르 깨어나면서 글쓰기에 최적 조건이 된다. 두뇌를 깨우는 것이다. 다만 이전과 달라진 점이 있다면 미지근한 물을 마시는 것이다. 어릴 때는 냉수가 좋다고 하여 많이 마셨었다. 최근에는 냉수는 장을 딱딱하게 만든다는 얘기를 연수에서 들었다. 그 이후로는 가급적 찬물은 마시지 않는다. 연수에서 강사가 다음과 같이 말했다.

"찬물은 장에 매우 좋지 않아요."

"중국 사람들은 늘 따뜻한 차를 마시지요."

"우리도 물을 이렇게 따뜻하거나 혹은 미지근하게 마시는 게 좋아요."

"우리는 여름이나 겨울이나 항상 냉장고의 찬물을 마시곤 하는데 몸에는 좋지 않아요."

"편의점 같은 곳에 가면 모든 물이 냉장고에 들어 있는데 안타까워요."

이 말을 듣고 난 이후에는 찬물은 거의 마시지 않으려고 노력한다.

한때 생수를 사다 먹은 적이 있다. 이렇게 하고 나니 불편한 점이 있었다. PET병이 너무 많이 쌓여 분리수거에 애를 먹는다. 어느 순간 집에 정수기를 설치했다. 냉·온 기능이 있는 정수기다. 얼음까지 나오지는 않지만 냉·온수를 자유자재로 먹을 수 있어 좋다.

사람의 마음은 간사하다. 이전에는 찬물을 먹어야 맛있다고 느꼈다. 그래서 냉수를 그대로 벌컥벌컥 들이켰다. 참 맛있었다. 냉수가 좋지 않다는 말을 들은 이후에 이런 생각은 싹 사라졌다. 새벽에 일어나면 손잡이가 달린 투명한 유리컵을 씻는다. 투명한 것을 사용하는 이유는 물과 인사하기 위해서다. 맑고 깨끗한 물을 보는 순간 마음까지 좋아진다.

"맑은 물아, 내 몸 안에 들어가서 좋은 일 많이 해줘."

"잘 부탁한다. 고마운 물아."

이렇게 얘기하고 나면 진짜 물이 내 몸 속에서 활발하게 움직이는 것 같다. 정수기에서 냉수와 온수를 반반 섞는다. 그러고 난 후 미지근한 물이 되면 천천히 마신다. 음식을 씹듯 물을 씹기도 한다. 충분히 몸에 적응하고 난 후 들어가라는 생각에서다.

처음에는 한 잔 정도 마셨는데 글쓰기 하면서 계속 마시다보면 두 잔 정도 마신다. 미지근한 물이어서 장에 주는 부담도 크지 않다. 그렇게 하다보면 장도 편안해지고 몸과 두뇌도 깨어나는 느낌이다.

습관은 하루아침에 만들어지지 않는다. 매일 조금씩 꾸준히 하는 행동들이 하나의 작은 습관이 되며 그것이 모여 운명을 바꿀 수 있다.

새벽에 일어나 물 한 잔으로 몸 깨우는 습관은 좋은 행동이다. 그렇게 함으로써 장이 튼튼해지고 장이 좋아짐으로써 행복 호르몬인 세로토닌 분비도 활성화될 것이다. 꾸준한 물 한 잔의 습관으로 운명을 바꾸고 싶다.

찬물 샤워하기

맨발 걷기를 2017년 가을부터 시작했다. 영상 3도의 낮은 온도라 발이 시렸다. 발은 시리지만 머리가 맑아지고 생각이 깊어지는 효과가 있었다. 명상 혹은 사색이 저절로 되었다. 끝난 후 집에 가기 전 발을 씻는 문제가 발생한다. 발은 찬물로 씻어야 한다. 따뜻한 물로 씻으면 급격한 온도 변화로 동상에 걸리기 쉽다. 그러한 이유로 찬물로 발을 씻는다. 가을까지는 학교 수돗가를 이용한다. 찬물이지만 실제로 온도는 더 따뜻하게 느껴진다. 물의 온도가 영상 3도까지는 떨어지지 않기 때문이다. 찬물로 발을 간단히 씻는 것은 음식 초벌구이와 같다. 초벌로 발을 씻은 후 집에서 비누로 다시 한 번 씻는다.

이때도 찬물을 이용한다. 발을 씻으면서 찬물 샤워를 함께한다. 겨울에 어떻게 찬물로 씻을 수 있을지 궁금하기도 하겠지만 기우에 불과하다. 그렇게 할 수 있는 이유는 대학시절로 거슬러올라간다.

대학교 입학 후 기숙사 생활을 했다. 기숙사 생활은 많은 면에서 장점이었다. 강의가 끝난 후 갈 곳이 마땅치 않을 때 '쉼터'가 된다. 다른 친구들이 당구장, 오락실, 휴게실을 찾을 때 기숙사로 바로 직행해서 쉰다.

중간·기말고사 칠 때도 매우 유용하다. 도서관으로의 접근성이 좋다. 도서관엔 평소엔 자리가 많지만 시험기간이면 자리 쟁탈전이 벌어진다. 기숙사에 있다는 이유로 쉽게 자리를 잡을 수 있다. 물론 새벽잠 없는 장점을 최대한 누린다.

술 좋아하던 습관은 시험기간이면 금주로 변신한다. 3주 전부터 술을 끊고 도서관에 입성한다.

새벽 4시 기상은 그때도 유효했다. 네 시에 일어나 도서관 문이 열리기까지 줄을 선다. 거의 1등이다. 기숙사의 장점을 최대한 활용한 결과다. 기숙사에 있는 난 자리 잡기 명수다.

찬물 샤워 습관과 가장 밀접한 관계가 있는 것은 새벽 운동이다. 내가 다녔던 대학은 기숙사와 체육관이 하나씩 있었는데 기숙사는 동편에 체육관은 서편에 자리 잡았다. 보통 새벽 5시 정도에 일어났다. 30분 정도 책을 보고 바로 체육관으로 향한다.

그때 나가는 이유가 있다. 체육관 관리하는 분이 매일 그 시간에 오기 때문이다. 새벽 운동을 좋아하는 습관 덕분에 그분과 친하게 되었다. 대학교 입학과 동시에 세 개의 동아리 활동을 했다. 축구, 테니스, 기타 동아리다.

대학교 1~2학년 때는 주로 축구 동아리와 기타 동아리를 열심히 했다. 운동을 좋아했던 탓인지 체육관에 갈 일이 자주 생겼다. 수업뿐 아니라 동아리 활동을 위해서도 체육관을 자주 찾았다. 그곳에서 그분을 자주 뵈었고 통성명과 동시에 새벽 운동에 대한 이야기도 나눌 수 있었다.

어느 날 그분을 뵙고 다음과 같은 대화가 오갔다.

"잘 지내나?"

"네, 근데 아저씨는 근육이 어쩜 그렇게 좋으세요?"

"나야, 새벽 운동 안 하나?"

"새벽 운동이요?"

"그래, 새벽마다 체육관 2층에 있는 헬스장에서 운동한다 아이가?"

"아, 그래요? 몇 시에 하시는데요?"

"와, 너도 올라고?"

"네, 몇 시에 오면 되지요?"

"그러면 6시쯤 오너라. 그때 문 열게."

그 대화 이후로 아저씨와 매일 새벽 6시경 체육관에서 만났다. 가끔 아저씨가 늦을 때는 친구를 기다리는 마음으로 10여 분 정도 기다리곤 했다. 그렇게 해서 새벽 운동의 물꼬가 트였다. 새벽에 체육관에 가면 아저씨와 함께 체조를 한다. 관절 위주의 준비 운동 후 각자 하고 싶은 운동을 하러 이동한다.

아저씨는 2층 헬스장으로 간다. 나도 따라간다. 헬스를 크게 좋아하지 않기 때문에 기본적인 운동을 하고 나는 1층에서 농구공을 들고 드리블과 슛 연습을 한다. 원래 농구를 잘하지는 못하지만 기본 체력이 좋기에 즐겁게 뛰어다니고 슛 쏘고 한다.

그렇게 한참을 하다보면 비 오듯 땀이 쏟아진다. 봄, 여름, 가을 뿐 아니라 겨울에도 마찬가지다. 새벽 운동의 매력을 마음껏 누릴 수 있는 수 있는 자리다. 어릴 때부터 단련되어 온 새벽 활동은 대학 때도 그대로 이어졌다. 새벽을 좋아할 수밖에 없는 운명을 타고 났나보다.

아저씨는 헬스뿐만 아니라 줄넘기 달인이다. 마치 복싱 선수를 보는 것 같다. 타고난 운동 마니아다.

운동을 마친 후 연례행사처럼 샤워를 한다. 물론 찬물이다. 찬물 샤워는 11월, 12월도 마찬가지다. 겨울철에도 찬물이다. 찬물로 하는 이유는 따뜻한 물이 나오지 않기 때문이다. 한참 땀을 빼고 난 후라 크게 문제되지 않는다. 서로 찬물 샤워를 통해 정말로 친해지는 계기가 되었다. 한 사람이라도 싫어하면 할 수 없는 일이라 더욱 의미가 깊었다. 그때부터 시작된 찬물 샤워는 그 이후로도 종종 이어졌다.

본격적인 찬물 샤워는 맨발과 함께 시작되었다. 맨발 걷기를 한 지가 2년 정도 되었으니 찬물 샤워도 2년 이상 되었다. 봄, 여름, 가을에는 찬물이 크게 문제가 되지 않는다. 문제는 겨울이다. 겨울에 잘못 했다가는 감기에 걸릴 수도 있기 때문이다.

맨발 걷기를 하고 나면 실제로 땀이 비처럼 쏟아지지는 않지만 은연중에 눈에 보이지 않을 정도의 땀이 쌓인다. 목욕을 해보면 알 수 있다. 또한 찬물로 발을 씻기 때문에 추위에도 적응된다. 추울 때 맨발 걷기를 하기 위한 필수요소는 '꽁꽁 싸매기'다.

몸을 꽁꽁 싸맸기 때문에 맨발 걷기를 하면 할수록 열이 난다. 열이 나면서 몸도 따뜻해진다. 찬물에 발 씻고 나면 집으로 들어와 비누로 깨끗이 다시 한 번 씻는다. 물론 찬물이다. 그다음 하는 일은 머리 감기다. 새벽에 맨발 걷기 후 발 씻고 머리 감는 것은 하루 일과다. 이때도 찬물이다.

발과 머리를 찬물로 씻었기 때문에 샤워기로 몸에 찬물을 뿌리면 찬물 샤워는 시작된다. 찬물로 씻는 게 쉬울 수 있는 이유다. 찬물 샤워에 걸리는 시간은 5분 정도다.

찬물로 샤워를 하면 여러 가지로 좋다.

우선 머리가 맑아진다. 특히 술 마시고 난 다음날에는 숙취로 고생할 수 있지만 찬물 샤워가 정신을 번쩍 들게 한다.

면역력이 높아진다. 찬물 샤워 이후에는 감기가 잘 걸리지 않는다. 맨발 걷기의 효과로 볼 수도 있고 몸을 단련시키는 찬물 샤워의 장점도 한몫을 한다고 생각한다.

피부가 탱글탱글해진다. 원래 세안이나 머리를 감을 때 찬물로 하면 수축이 되기 때문에 여러 가지로 좋다고 한다. 그런 좋은 점을 얻어서인지 찬물 샤워로 피부가 좋아지는 것 같다.

찬물로 샤워한다는 것이 일반적이지는 않다. 맨발 걷기 하고 나면 수족 냉증으로 고생하시는 분들이 효과를 본다고 한다. '이한치한'인가? 찬물 샤워도 마찬가지다. 추운 겨울에 찬물로 샤워하면 감기에 걸릴 것 같지만 실제로 그렇지 않다. 샤워할 때 찬물을 이용하는 습관은 그런 의미에서 매우 좋은 것 같다.

오늘도 새벽 4시에 일어나 맨발 걷기를 했다. 찬물에 발을 씻고 머리를 감고 난 후 온 몸을 씻으니 상쾌한 하루를 만들어갈 수 있다. 찬물과 함께하는 샤워로 하루가 빛이 난다. 하루하루 의미 있는 삶을 살다보면 한 달, 일 년, 십 년, 평생이 새로워질 것 같다.

찬물 샤워. 여러분들도 지금 한 번 실행해 보면 좋겠다는 생각이 든다. 강력히 추천한다.

일찍 자고 일찍 일어나기

세상 모든 일은 +가 있으면 −도 있고, 좋은 일이 있으면 나쁜 일도 생긴다. 잠자는 것에도 이것은 적용된다. 새벽에 일찍 일어나는 습관을 기르기 위해 충분한 잠을 자야 하는 이유다. 어린 시절 농사 짓는 시골에서 자란 덕에 새벽 있는 삶을 살았다.

"일찍 일어나는 새가 먹이를 잡는다"는 격언처럼 누가 말하지 않아도 일찍 자고 일찍 일어나는 습관은 그대로 삶이 되었다.

봄, 여름, 가을은 농번기라 엄청 바쁜 시기다. 겨울은 농한기라 다소 여유가 있다. 농번기가 되면 봄에는 씨앗 심기나 볍씨 뿌리기, 여름엔 김매기, 풀 뽑기, 가을엔 추수와 수확이 기다린다. 일찍 일어나지 않을 수 없는 구조다. 특히 여름엔 해가 빨리 뜨기 때문에 새벽 5시 정도 되면 동이 트고 6시 정도 되면 날이 훤하다. 참 신비롭다. 겨울에는 7시가 되어도 해가 뜨지 않으니 말이다. 계절의 신비요, 자연의 기이한 현상이다.

우리 집은 벼농사, 밭농사를 함께했다. 새벽부터 일찍 시작되는 농촌 특성상 자연스럽게 일찍 자고 일찍 일어나는 습관이 몸에 배었다. 어린 시절엔 일어나기가 싫었다. 아랫목에 배 깔고 엎드리면 뜨뜻하니 좋았다. 물론 장작불이 다하면 쉽게 식어 아쉬움만 남았다. 보일러면 하루 종일 틀어놔도 따뜻한데 그때는 그렇지 못했다. 뭔가 부족했지만 그래도 그때의 기억이 떠오른다.

새벽 신문배달로 자연스럽게 일찍 일어날 수밖에 없었다. 밤엔 야간 통금 시간이 있었다. 엄격한 아버지 밑에 자란 탓으로 밤 9시 이후 나가는 것이 금지되었다. 가끔은 몰래 나가서 놀기도 했다. 그런 환경 속에서 자라서인지 늘 일찍 자고 일찍 일어났다.

이런 습관은 고등학교 때 가장 좋았다. 고등학교 1학년부터 본격적인 입시준비가 시작되었다. 내 삶에서 가장 힘들고 어려웠던 시기인 듯하다. 물론 그렇게 뭔가에 집중할 수 있다는 것에 무한한 행복을 느끼기도 한다.

하루는 대체로 이렇게 시작되고 끝난다. 우리 집에서 학교까지 거리는 대략 버스로 20여 분 정도 걸린다. 아침 등교 시간이 지금 기억으로는 7시 30분 이전이기 때문에 조금만 지체하면 지각이다. 지각하면 바로 얼차려를 받는다. 물론 한 번도 지각한 적은 없다. 새벽엔 버스가 두 대 있다. 새벽 6시 45분과 7시 10분이다. 6시 45분에 타면 여유 있게 학교에 도착하고 7시 10분이면 지각은 따놓은 당상이다.

새벽 6시 45분 버스를 타고 학교에 도착하면 대략 7시 5분에서

10분 사이가 된다. 하루에 도시락은 두 개를 싸가야 한다. 점심과 저녁을 먹어야 하기 때문이다. 지금 생각해보니 도시락을 매일 싸야 했던 어머니의 어깨가 보통 힘들었던 것이 아닐 거라 생각한다. 아직도 어머니께 잘 대해 드리지 못하는 나를 보면 철없음은 마찬가지다.

하루에 도시락 두 개를 싸기 위해서 어머니는 얼마나 일찍 준비하셨을까? 정말 대단하신 분이다. 두 개의 도시락을 어깨에 메면 어깨가 빠질 듯 뻐근하다. 도시락 두 개에 교과서, 참고서를 한 가방 싸들고 갔기 때문에 등산 배낭 같았다. 지금도 오른쪽 어깨가 한 쪽으로 처지는 것은 그때의 고통으로 인한 것이다. 맨발 걷기로 많이 회복되었다.

하루 종일 수업과 씨름 하고 난 후 점심을 먹는다. 점심 식사 후 오후 수업 마치고 나면 저녁을 먹는다. 저녁 식사 후 야간 자율학습을 한다. 야간 자율학습 시간은 11시 정도에 마치는데 밤기차나 버스를 타야 하기 때문에 다른 친구들보다 일찍 나간다. 집에 도착하면 밤 11시 25분 정도. 씻고 난 후 잠들면 하루가 마무리된다. 아무 생각 없이 하루가 흘러간다. 그 당시 어떻게 극복했는지 신기할 따름이다. 그때는 대학입시라는 관문이 있었기에 할 수 없이 11시 이후 잠을 잤지만 지금은 가급적 10시에서 10시 30분 사이에는 꼭 잠들도록 노력한다. 하루에 적어도 6시간 정도는 자야 하루가 개운하기 때문이다.

예로부터 사람은 해가 뜨면 일어나고 해가 지면 잠자리에 들어야 한다고 한다. 그래야 건강한 삶을 살 수 있다는 논리다. 어릴 때부터 들였던 습관 덕분인지, 체질이 그래서인지 11시 이전에 잠자리에 무조건 들어야 한다.

한때 12시를 넘겨 잠을 잔 적이 있었다. 그렇게 하고 나면 하루 종일 몽롱한 상태가 된다. 내 의지와 상관없이 기분이 다운된다. 몽롱하다는 것을 정확히 표현하면 감기약 먹었을 때와 같다. 감기약은 항생제 성분으로 인해 정신이 멍하게 된다. 계산도 잘 되지 않고 판단력도 흐려진다. 뇌가 하나의 막으로 덮인 느낌이다. 우울한 하루를 보낸다. 그렇게 지낸 이후 특별한 경우를 제외하고는 12시를 넘기지 않으려 한다.

잠은 깊게 자는 것이 중요하다. 흔히 '숙면'을 취해야 한다고 말한다. 숙면을 취하기 위해서 개인적으로 자주 애용하는 방법이 있다. 머릿속에 잡념을 없애려고 노력한다. 한때 잠을 제대로 못 이룬 적이 많았다. 그 이유는 잠 자기 전 계속해서 이것저것 생각하고 고민하기 때문이다. 그렇게 해서 12시를 넘기면 2~3시 정도 되어야 잠을 이룬다. 그 다음날 컨디션이 엉망이 되는 이유다. 그런 실수를 되풀이하지 않기 위해서라도 잠자기 전 다른 생각을 하지 않으려 한다. 그 대신 숫자를 세거나 조용한 노래를 음미한다.

휴대전화를 멀리 놓아둔다. 휴대전화의 전자파가 숙면을 방해하기 때문이다. 멀찌감치 손에 닿지 않는 곳에 둔다. 그렇게 함으로써 숙면의 조건을 만든다.

베개를 베지 않는다. 한때 베개를 사용하다가 요즈음은 없이 잠을 청한다. 베개를 베면 고개가 꺾여서 숨을 제대로 쉬지 못한다. 다른 요인으로 숙면을 취하는 것인지는 모르겠지만 숙면을 위한 하나의 방법이 된다.

　방을 어둡게 하기 위해 커튼을 사용하고 소리에 방해를 받지 않기 위해 휴대전화를 꺼두거나 무음으로 한다. 혹시 늦은 밤이나 새벽에 전화벨이라도 울리면 숙면은 물 건너간다. 아예 꺼놓는 게 제일 좋은 방법이다.

　새벽에 일어나기 위해 휴대전화 알람 기능 도움도 가끔 받는다. 물론 정말 중요한 일 이외에는 이것도 끈다. 수면의 자연스러움을 따르고 싶기 때문이다. 새벽 4시 기상이라고 해서 무리하지는 않는다. 혹시 늦으면 그대로 따른다. 자연스러울 때 건강에 가장 좋을 것이라는 생각에서다.

　아내에겐 내가 알람이다. 새벽에 일해야 할 때가 있으면 전날 미리 깨워달라고 부탁한다. 한두 번 깨우면 잘 일어나지 못하는 경우도 있는데 대략 30분 정도 안에는 일어난다. 일찍 자고 일찍 일어나기는 신선한 하루를 여는데 더 없이 좋은 방법이다.

　건강하고 행복한 삶을 위한 방법은 여러 가지다. 그 중 일찍 일어나서 새로운 하루를 빨리 여는 습관은 그 어느 것보다도 좋은 방법인 것 같다. 일찍 자고 일찍 일어나는 습관으로 행복한 삶을 펼쳐나가면 좋겠다.

산과 숲 찾기

"흙에서 태어나 흙으로 돌아간다"라는 말은 "자연에서 태어나 자연으로 돌아간다"라는 말이다. 시골에서 태어나 아궁이에 불 지피며 살았다. 1970년대 기름 보일러, 전기 보일러는 꿈도 꾸지 못했다. 지금이야 버튼 하나면 되지만 그때는 모든 게 수동이었다. 아궁이에 불 지핀 후 나무 등의 땔감으로 불을 때야 방이 따뜻해진다. 땔감을 구하기 위해 어머니를 따라 산에 자주 갔다. 어머니는 남자 못지않은 괴력의 소유자다. 작은 체구에 엄청난 힘을 자랑했다. 체격 조건이 좋지 않기 때문에 힘보다는 소위 말하는 깡다구로 버텼다. 낫으로 나무 가지를 어찌 그리 잘 베고 정리하는지 그 솜씨에 늘 놀라곤 했다. 어린 나이에 어머니의 놀라운 연장 다루는 솜씨를 배우고 싶었다. 그런 기회는 거의 오지 않았다. 그저 옆에서 조수 역할을 할 뿐이었다. 어머니가 베어놓은 나뭇가지를 정리하여 칡넝쿨로 묶는 작업이 내 몫이었다. 군대 사격에서 사수, 부사수가 있는 것과 똑 같다.

그때부터 엄청나게 산을 다녔다. 나무를 하러 가면 제일 힘든 게 배고픔이다. 어머니는 전혀 배고프지 않은 표정이었다. 그야말로 달인이다. 보통 정오가 넘어서까지 계속되는 작업으로 뱃가죽이 등까지 붙었다. 아침 먹고 난 후 움직임이 많지 않은 날은 배고픔을 덜 느낀다. 신체활동이 활발한 날은 허기가 극에 달한다. 저장해 놓은 영양분이 완전 고갈되는 기분이다. 지금이야 영양가 높은 음식물이 넘쳐서 문제지만 그 당시만 해도 영양부족 상태에 놓이기 쉬웠다. 한창 일하고 있으면 머리가 어질어질하다. 고구마라도 싸가는 날은 횡재다. 빨간 김치에 싼 고구마는 그 무엇보다도 훌륭한 간식거리다. 이런 호사를 누리지 못하고 대부분 견뎠다.

배고픔은 하프 마라톤에서 겪었던 경험과 비슷하다. 10킬로미터 뛸 때와 동일한 식사법으로 하프에 도전한 적이 있었다. 10킬로미터는 보통 식사법으로 충분히 뛸 수 있는 짧은 거리다. 하프는 21.0975킬로미터로 풀코스인 42.195킬로미터의 절반이다. 그 긴 거리를 평소처럼 밥 반 공기 먹고 달린 것이 화근이었다. 사전 지식 부족도 한몫을 했다. 16킬러 정도가 되니 배가 고파 더 이상 달릴 수 없을 지경이었다. 다리가 후들거리고 휘청거렸다. 쓰러지기 일보직전이었다. 다행히 간식대가 나타났고 그곳에서 초코파이, 딸기, 바나나 등을 닥치는 대로 먹은 후에야 겨우 달릴 수 있었다.

그 당시도 이와 같았다. 배가 고프고 머리가 어지러울 때면 리어카 한 가득 나뭇가지를 싣고 집으로 돌아가자고 했다. 집에서 먹는 밥은 영양주사였다. 링거에 비유될 만큼 에너지를 솟구치게 만들었다. 어쩌나 맛있던지 반찬 종류나 가짓수는 전혀 문제되지 않았다. 오직 먹을 수 있다는 것에 감사한 마음뿐이었다. 그렇게 시작된 산과의 인연은 지금도 계속 이어진다.

어릴 때부터 산을 좋아했던 것 같다. 지금처럼 좋은 놀이터가 없었기에 뒷동산은 동네 놀이터로 공인받았다. 공식적 인정은 아니지만 웬만한 아이들은 모두 알 정도로 유명했다. 동네에서 좀 논다고 하는 친구들은 모두 그곳에 모여 창던지기, 달리기, 비료포대 타기 등의 놀이를 했다.

넓은 산소에 깔린 잔디는 놀기에 좋았다. 가끔 산소 관리인에게 혼이 나기도 했지만 그래도 마냥 신났다. 지금 생각해보면 그곳에서 왜 그렇게 못 놀게 했는지 충분히 이해가 간다. 남의 산소를 관리하는 입장에서 그곳을 놀이터 삼는 것이 전혀 이해가 되지 않았으리라. 그 당시는 조금만 버티면 훌륭한 놀이터를 확보할 수 있다는 생각 밖에 없었다. 그곳은 완전한 천연 잔디구장이다. 산소는 전혀 문제되지 않았다. 적당한 경사가 있어서 놀기에 더 없이 좋은 장소였다. 그것을 안 이상 놀러 가지 않을 이유가 없었다.

마치 그리스·로마 시대 힘겨루기 하듯 창을 던졌다. 창을 만들 때는 낫 같은 연장을 이용하여 밑둥치를 연필처럼 뾰족하게 깎는다. 그래야 땅에 잘 꽂히기 때문이다. 그렇게 어린 시절을 산과 숲에서 보냈다. 그때부터 산과 자연스럽게 가까워졌다.

대학시절부터 꿈꿨던 것은 우리나라 국립공원을 모두 가보는 것이었다. 그 당시 국립공원의 수는 20개였다. 지금은 광주 무등산, 태백산이 추가되어 22개로 되어 있다. 제일 위쪽의 설악산으로부터 아래쪽의 한라산에 이르기까지 20곳을 모두 가보고 싶었다. 그 중 아직까지 가보지 못한 곳은 내장산, 월악산, 치악산 세 곳이다. 물론 무등산, 태백산까지 합하면 다섯 곳이다. 내장산은 얼마 전 맨발 걷기를 했기에 네 곳으로 줄었다.

1994년 5월경 산에 대한 경외심을 갖게 한 일대의 사건이 있었다. 1993년 12월 30일 치른 임용고시에 합격했지만 발령이 나지 않아 무작정 안산 작은아버지 댁에서 기거했다. 평생 일할 직장에 있는 것보다 가보지 않은 새로운 곳을 경험해보고 싶었던 나름대로의 생각에서다.

죽마고우와 함께 아르바이트 자리를 찾았다. 그 친구는 서울에, 나는 안산에 있었다. 친구가 안산으로 와 함께 구인 광고 전단지를 찾았다.

전기 조공을 뽑는다는 광고를 보고 석수역을 찾았다. 알고 보니 아파트 건설 현장에서 전기 배선 관련 작업을 돕는 일이었다. 월 90만원에 인도네시아와의 교류비가 10만원 차감되었다. 나중에 안 것이지만 이것은 용역비였다. 결국 우리는 용역 회사에 고용된 일꾼이었다. 7명이 함께 봉고를 타고 용인에 있는 아파트 건설 현장에 바로 투입되었다. 생전 처음 해보는 일이었다. 친구의 역할은 배선 관련 작업 보조, 난 망치로 하루 종일 콘크리트 조각 깨내는 작업이다. 그때 일을 계속 했으면 아마 지금쯤 유명한 석고상 조각가가 되어 있을 정도로 열심히 작업에 몰입했다. 함께 간 7명 중 4명은 일 못한다는 이유로 모두 집으로 돌아갔고 3명만 남았다. 한 달 정도 일하고 나니 양치를 못할 정도로 팔이 아팠다. 이제 그만두어야겠다는 생각에 작업을 중단하고 여행을 떠나기로 합의했다.

설악산으로 갈까, 지리산으로 갈까, 한창을 고민하다가 쉽게 갈수 없는 홍도로 가자고 의기투합했다. 그 전에 전라남도 영암 월출산을 들르기로 했다. 영등포발 목포행 통일호 열차를 타고 새벽 4시 반경에 도착했다. 생전 처음 가보는 곳인지라 어디가 어딘지 분간이되지 않았다. 일단 영암으로 가는 버스 정류장을 찾아 무작정 걸었다. 젊음이 있었기에 두려움 같은 것은 존재하지 않았다. 영암 버스정류장에 도착하여 아침 식사를 한 후 월출산행 버스에 올랐다. 그당시만 해도 대도시에는 물을 사 먹었지만 아직까지 그곳은 청정지역이라 물 판매는 따로 하지 않았다. 신기할 따름이었다.

월출산에 오르기 위해 도갑사라는 절을 통과했다. 월출산은 20번째로 지정된 국립공원이다. 그 당시만 해도 가장 늦게 지정된 곳이다. 흐린 날씨에 약간의 보슬비도 함께한지라 등산하기에 어려움이 있었다. 이왕 오르기로 한 것 이까짓것 아무 문제가 되지 않았다. 그때만 해도 산에 대해서는 자신만만했다. 마치 에베레스트를 몇 번다녀온 사람처럼 호기를 부렸다. 함께 갔던 친구는 체력 저하로 힘들어 했다. 이온 음료를 먹여가며 잘 다독였다.

사전 지식정보로 안개가 자주 낀다는 얘기를 들었다. 그날도 비로 인해 한치 앞을 내다볼 수 없는 상황이었다. 갑자기 1미터 앞도 보이지 않았다. 두려움이 엄습했다. '산에서 이렇게 죽는구나!' 하는 생각까지 들었다. 살이 오돌오돌 떨렸다. 마음속으로 빌었다. '제가 경솔했습니다. 한 번만 살려 주십시오.' 계속된 간절함이 산신에게 전달되었는가 보다. 백련사라는 절에 기거하시는 민간인 한 분이 우산을 들고 올라오는 것이 아닌가? 그 당시 그분은 분명 신이 보내신 분이라고 지금도 생각한다. 그분에게 간곡히 부탁드렸다.

"우리가 초행인데 길을 잃어버렸습니다. 도무지 어디로 가야 할지 난감합니다. 좀 도와주십시오."

"저도 오늘이 두 번째라 잘 알지 모르겠습니다. 한 번 가 봅시다."

그러한 말과 함께 30여 분을 따라 갔다. 아뿔싸! 이게 웬일인가? 열심히 걸었지만 원래의 발자국을 발견하는 순간 깜짝 놀라지 않을 수 없었다. 어떻게 그만큼 긴 시간을 걸었는데 그 자리로 돌아올 수 있단 말인가? 지금 생각해도 도무지 이해되지 않는다.

그분이 우산으로 지도를 그려가며 한참을 생각한 후 다시 길을 나섰고 무사히 정상을 찾을 수 있었다. 그 이후 산을 가볍게 여긴 건방진 생각은 모두 사라졌다. 늘 경외하고 조심스럽게 접근하는 마음을 가지게 되었다. 산으로부터 배운 겸손이다. 한순간이라도 산에 대해 경솔하게 군다면 바로 시험에 들 거라는 소중한 경험이었다. 그러한 경험을 발판으로 대부분의 국립공원을 만났다.

흔히 산은 바다에 비유된다. 산이 어머니의 품이라면 바다는 친구 같다. 산은 나의 모든 허물을 덮어주고 아픈 곳을 어루만져준다. 바다는 끊임없이 파도로 철썩거리며 나와의 대화를 시도한다. 산과 바다의 양면이다. 요즘 산과 숲이라는 용어를 자주 사용한다. 흙으로 큰 형태를 만든 것은 산이요, 그 속에 존재하는 나무, 풀, 꽃 등 산을 이루고 있는 모든 것은 숲이라고 생각한다. 산과 숲은 나의 안식처다. 아무리 근심, 걱정이 가득하더라도 이곳만 찾으면 스르르 사라진다. 예로부터 도를 닦거나 종교에 심취하신 분들이 산과 숲을 찾는 이유를 알 것 같다.

일상에서 지친 스트레스, 갈등, 고민은 산과 숲을 찾아가는 순간 해결된다. 자연이 인간의 해결사 역할을 해주는 부분이다. '사람은 자연보호, 자연은 사람보호'라는 문구가 생겨나게 된 이유다.

산과 숲이 우리에게 주는 이로움은 한두 가지가 아니다. 상쾌하고 피톤치드 가득한 공기, 눈의 피로를 한방에 날려버릴 푸르른 모습, 여러 가지 약초와 산나물, 졸졸졸 흐르는 맑은 물소리 등 어느 한 가지 뺄 수가 없다. 그만큼 우리에게 친숙하다.

이런 좋은 곳을 매일 찾아가려는 노력만으로도 행복한 삶은 예견된다. 예전에 갔었던 캐나다의 푸르고 울창한 숲은 지금도 잊을 수 없다. 우리나라에도 설악산이나 지리산 등 명산이 많다. 평소에는 집 가까운 산을 방문하고 시간되면 명산을 즐겨 찾는 습관은 건강한 삶에 필수 요소다. 오늘도 어느 산을 찾아갈지 벌써부터 계획을 짠다. 산과 숲은 영원한 인생의 동반자다.

chapter 4

맨발 걷기로
꾸준히 변하는 삶

맨발 걷기를 처음 만난 후 2년을 넘어섰다. 그와의 만남 속에서 찾은 하나의 단어는 '꾸준함'이다. 습관이 하루아침에 이루어지지 않듯 어떤 일을 꾸준히 한다는 것은 어려운 일이다. 그렇게 하기 위해서는 내 의지와는 상관없는 그 어떤 힘이 작용한다. 운명이라 이름 붙인 이유다. 운명을 따라 맨발로 하루하루 땅 바닥을 밟다보니 어느새 내 삶도 변하고 있다. 변한다는 것은 발전하는 것이다. 맨발 걷기로 꾸준히 변하고 있는 삶에 감사하다.

'나'라는 존재를 만나다

'나는 누구인가? 왜 태어났을까?'에 대한 궁금증은 가난한 시절 참 풀기 어려운 숙제였다. 덧셈, 뺄셈, 곱셈, 나눗셈의 사칙연산보다 훨씬 답 찾기가 어려웠다. 그 시절 누구나 그랬겠지만 우리 집은 하루 세끼 해결하기도 빠듯했다. 그래서였을까? 가끔 참 살기 싫다는 생각을 했다. 그래도 살아가야 하는, 살아내야 하는 게 인생 아닌가?

초등학교 4학년 때는 공부로 경쟁하던 아이의 아버지가 육성회 장이었다. 어느 날 아침 조회시간에 그분이 주는 불우이웃돕기 물품을 받게 되었다. 마음속으로 비참함이 일어났지만 '가난이 죄는 아니지'라는 생각으로 버텼다. 겉으로는 무덤덤했지만 잠재의식 속에 불평, 불만이 자랐을 것이다. 자칫 빗나가기 쉬운 시절이었지만 돌이켜보면 지금의 나를 있게 만들어준 소중한 시간이었다.

어릴 때부터 호기심이 많았던 탓에 질문을 참 많이 했다. 그때마다 돌아오는 할머니의 잔소리는 나를 주눅 들게 만들었다.

"바닷물은 왜 짜죠?"

"쪼그만 게 뭐 그리 궁금해 이 자식아. 어른 되면 다 알아. 몰라도 돼."

이런 식으로 늘 돌아오는 답변들. 그 속에서 내 자신의 불평, 불만이 자라났는지도 모르겠다. 아무튼 늘 우울한 존재였다. 지금처럼 인터넷이 발달했더라면 그렇게 허전하고 힘들지는 않았을 텐데. 하는 아쉬움이 가슴 속에 남는다.

살아오면서 '착한 아이 콤플렉스'가 늘 따라다녔다. 지금 생각해보니 내 판단과 생각에 의해서라기보다는 남의 눈에 비친 모습대로 살았던 것 같다. 학교에서 배운 그대로 실천하는 게 삶의 정답이라고 생각했다. 학교에서나 집에서나 늘 '모범생' 이미지로 살아야 한다는 강박관념이 따라다녔다.

융통성 없고 곧이곧대로 살았다. 고등학교 시절에도 학교에서 집, 집에서 학교가 반복되었다. 왜 그렇게 살았는지 한심할 때가 많았다. 좀 더 다양한 경험과 스스로의 판단과 생각에 의해 살았더라면 하는 아쉬움이 남는 대목이다.

이러한 삶은 맨발 걷기 하기 전까지 계속되었다. 그 결과 잠재된 불만이 내면 깊은 곳에 늘 자리 잡았다. 이것은 술 마시거나 기분이 우울할 때 드러났다. 내적 불만과 공허함은 내 마음 속에 파도를 일으키며 깨지기 쉬운 유리잔이 되었다.

형은 나와 반대였다. 자기 중심을 바로 세우고 스스로 생각하고 주도적으로 살았다. 여러 가지 까닭이 있겠지만 아무튼 난 형이 부러웠다. 어릴 때부터 공부 잘한다는 소리에 기분이 좋았고 그렇게 사는 게 가장 멋진 인생이라고 생각했었지만 가슴 한구석엔 늘 불만족이 도사리고 있었다.

형은 친구가 많다. 활달한 성격에 친구들과도 스스럼없이 잘 지냈고 다양한 경험을 섭렵하며 주도적으로 살았다. 형의 삶이 부럽고 그렇게 살아보고 싶다는 생각이 머리를 떠나지 않았다. 특별한 보살핌을 받지 않고도 스스로 인생을 잘 개척했던 것 같다. 그런 이유인지 지금도 자신의 울타리를 만들어 멋진 삶을 살고 있다. 그러한 면에서 형은 나에게 항상 부러움의 대상이었다. 물론 형이 상대적으로 나를 부러워했을 수도 있겠지만.

이렇게 살았던 불만족을 한방에 해결해준 것은 맨발 걷기였다. 끝없이 높은 곳만 바라보고 그곳을 향해 불나방처럼 달려들었던 내 인생은 맨발 걷기와의 만남 이후 새로운 전환점을 맞았다.

처음부터 맨발 걷기를 한 것은 아니다. 워낙 운동 마니아로 살아왔기에 축구, 배구, 테니스, 수영, 등산, 마라톤 등 운동이라면 웬만하면 모두 좋아했다. 특히 경쟁이 심한 운동을 즐겼다. 그 중 등산은 어렸을 때의 경험 때문인지 내 삶 전체를 좌우했다. '산은 어머니 품이요. 바다는 친구 같다'라는 마음으로 살았다. 산에 오르면 마음 가득한 응어리가 스르르 사라졌다. 〈나는 자연인이다〉라는 프로그램을 보면 산 속에서 기거하는 분들의 일상이 나온다. 물론 모두 사연을 가지고 그 속으로 들어가 살지만 지금 삶이 행복하다고 한다. 방송을 보고 있는 그 순간엔 나도 모르게 빨려들어간다. 그만큼 산이 좋다.

그 후로 마라톤을 엄청나게 좋아하게 되었다. 초등학교 시절부터 심폐지구력이 좋아 다른 친구들보다 조금 나은 실력을 가지고 있었다. 마라톤 완주 후의 쾌감은 집중하게 만드는 마력을 가졌다.

대학교 때 당한 교통사고, 잦은 운동, 등산, 마라톤 탓일까? '반월상 연골판 파열'이라는 진단과 동시에 수술 날짜를 잡았다. 수술을 피하고 싶어 한의원에 다니며 재활했다. 맨발 걷기를 만난 후 무릎 통증이 거짓말 같이 사라졌다. 이젠 계단도 편안하게 오르내릴 수 있고 등산도 자유자재로 할 수 있다. 물론 늘 걱정되어 조심한다.

맨발 걷기의 좋은 점에 대해서는 익히 들었다. 관절염과 디스크가 낫고, 염증이 제거되는 등 너무나도 많은 장점이 있었다. 정확한 데이터와 과학적 검증을 거쳐 이뤄진 것은 아니겠지만 다양한 임상 경험의 힘은 이럴 때 나타난다. 맨발 걷기 후 몸이 좋아졌다는 사람이 무척 많기 때문이다.

외형적인 장점을 들었기 때문일까? 맨발 세계로 빠져 들었다. 뭐니뭐니 해도 가장 좋은 것은 심적 안정이었다. 어릴 때부터 부정적 경험과 신체 콤플렉스로 불만족과 부정적 사고가 암 버섯처럼 자랐다. 겉으로는 외향적이고 활달해 보였지만 실제로는 내성적이고 매우 여렸다.

성격은 하루아침에 형성되지 않는다. 바위가 돌이 되기 위해 무수한 세월동안 바람, 물에 의해 침식되듯 마음도 그렇게 만들어진다. 끊임없는 부정적 사고, 기댈 곳 없는 허전한 마음이 내면을 만들었다.

여린 마음을 강하게 보이기 위해 여러 시도를 했다. 머리를 짧게 깎는다든지, 말투를 거칠게 한다든지, 걸음걸이를 다소 불량스럽게 걷는다든지 하는 형태로 스스로 강하게 보이도록 노력했다. 영화배우 중 강한 이미지를 가진 주인공을 좋아했고 닮으려고 무지 노력했다. 결과적으로 그렇게 비춰졌지만 오히려 만족감은 떨어졌다. 실제와 다르게 비춰지는 모습으로 많은 좌절과 갈등을 겪었다. 내가 판단하고 행동하고 중심 잡는 것이 아니라 남의 이목, 생각, 판단에 의해 이리저리 움직였다. 파도에 휩싸인 배가 되어가고 있었다. 그러한 이유로 힘든 인생 여정을 만들었다.

맨발 걷기 이후 처음으로 나 자신을 사랑하게 되었다. 맨발을 통한 심리적 안정감, 편안함, 세로토닌 분비로 인한 행복감 등 여러 가지 이유가 있겠지만 가장 중요한 것은 스스로에게 받은 감동이었다.

처음 시작한 이후 꾸준히 맨발 걷기를 하고 있는 모습에 감동했다. 스스로를 자랑스러워하고 칭찬하게 되었다.

지금까지 살아오면서 밥 먹고, 숨쉬고, 잠자고, 화장실 가는 이외에 꾸준하게 한 일이 과연 무엇이 있었을까? 생각해보면 딱히 기억나지 않는다. 그만큼 맨발 걷기에 빠졌고 심취하게 되었으며 집중과 몰입을 만났다. 새로운 나를 찾게 된 지금 이 순간 다시 한 번 나에게 칭찬해주고 싶다.

'너 정말 멋져! 대단해, 어떤 일도 해 낼 수 있을 거야.'

맨발 걷기라는 습관을 통해 또 다른 습관을 만들 수 있을 것 같다. 뭐든 꾸준히만 하면 못할 일이 없다. 오늘도 맨발로 걷는 이유다. 신체적, 정신적 만족감을 얻을 수 있는 맨발 걷기는 나를 알게 해준 훌륭한 친구였다.

자연치유의 힘을 얻다

2016년 3월 9일은 바둑에서 AI인공지능 알파고가 인간 이세돌을 이긴 충격적인 날로 기억되고 있다. 인공 지능이 인간을 이기다니, 이 얼마나 놀라운 일인가? 그만큼 4차 산업혁명의 인공지능 시대는 빨리 다가오고 있으며 우리도 인공적인 것에 더 의존하고 있음을 나타낸다.

의학 발달과 가속화된 문명은 인간의 병을 쉽게 치료할 수 있도록 길을 열어가고 있다. 모든 병원에서는 암을 정복하기 위해서 끊임없이 노력하고 있고 어느 정도 가시적인 성과를 거두고 있다. 그렇지만 아직까지 그렇지 못한 분야도 많이 존재한다.

암환자가 맨발 걷기를 통해 건강을 회복한 이야기, 흙에 노출시킨 후 건강을 되찾았다는 이야기는 흙을 통해 얻을 수 있는 자연치유의 힘을 알려준다.

한때 "사람은 자연보호, 자연은 사람보호"라는 말이 유행한 적이 있었다. 그만큼 사람과 자연은 밀접한 관련이 있다. 흙 또한 "인간은 흙에서 태어나 흙으로 돌아간다"라는 말처럼 우리에게 없어서는 안 될 소중한 존재다.

평소 둘째가라면 서러워할 정도로 운동 마니아였기에 여러 가지 종목에 참여했다. 새벽운동에 강했다. 새벽은 하루의 출발이요, 마음을 깨워주는 척도이기에 가장 좋은 때였다. 걷기, 달리기에서 출발한 운동이 마라톤에까지 이르렀고 마라톤 후 인생에서 가장 큰 희열을 느꼈다.

'과유불급'이라고 했던가? 마라톤, 등산 등의 무리한 운동이 무릎을 다치게 할 줄이야. 그러한 상황에서 운명처럼 다가온 맨발 걷기와의 만남은 하늘이 허락해준 소중한 시간이다.

'맨발 걷기를 하면 무릎이 어떻게 될까, 나아질까?' 하는 생각으로 시작한 것은 아니다. 운명이라는 말이 딱 맞다. 자석에 이끌리듯 자연스럽게 운동장으로 향했고 양말을 벗고 맨발로 땅을 밟았다. 생각지도 못한 결과를 만났다. 실로 엄청났다.

마음이 편안해졌다. 뜻밖의 반응이었다. 맨발 걷기 이전까지는 나에게 냉담했고 혹독했다. 가혹하리만큼 심리적 자학의 시간이 넘쳐났고 아무리 좋은 결과를 얻어도 가슴 한구석이 허전했다. 더 높은 목표가 필요했다. 목표를 이루고 난 후엔 또 다른 목표…… 심리적 빈곤의 악순환이 계속되었다. 자존감은 낮아질 대로 낮아졌다. 이상한 일이었다. '왜 그럴까?'를 반복적으로 되풀이해보았지만 해답은 없었다.

이때 맨발 걷기를 만났다. 앞에서도 언급했지만 특별한 이유를 가지고 시작한 것은 아니다. 그냥 우연히 봤던 한 장의 신문 기사가 나를 이곳으로 이끌었다.

맨발 걷기 이후 스스로에 대한 격려, 위로, 눈물, 참회 등의 다양한 단어가 심리적 변화를 잘 말해준다. 흙과 내 삶 사이에 새로운 오작교가 탄생했다. 스스로에 대한 불만이 가득했지만 맨발 걷기와의 만남 이후 편안한 마음과 감동이 넘쳐났다. 하루도 빠짐없이 맨발 걷기를 수행하는 내 자신이 이렇게 대단하고 멋지고 훌륭한 존재인 줄 몰랐다. '너 참 멋진 친구야, 앞으로 더 사랑하고 아껴줄게'라는 생각이 늘 내 마음 속에 샘솟았다. 정말 진정한 나를 찾은 것이다. 어떤 약으로도 치유할 수 없는 마음의 상처를 회복하고 있었다.

수술 날짜까지 확정하고 무릎 회복을 걱정했던 순간이 사라졌다. '수술을 해야 하나, 말아야 하나?'로 고민했던 순간이 무색하게 무릎은 정상을 되찾았다. 한때 계단조차 오르내리기 버거웠던 순간이 거짓말처럼 사라지고 등산, 달리기 등을 할 수 있게 되었다. '이런 일이 가능할까?'라는 물음을 스스로 늘 한다. 그렇다고 예전처럼 마라톤 등 무릎에 치명적인 운동은 하지 않는다. 그만큼 무릎 부상의 고통을 잘 알기에 무리하지 않으려고 한다. 새로 찾은 소중한 무릎을 잘 보호하기 위해서 맨발 걷기만을 꾸준히 한다.

자세가 바르게 되어가고 있다. 고등학교 시절 무거운 가방으로 오른쪽 어깨가 기울어졌다. 반복되는 컴퓨터 작업, 앉아 있는 업무시간 등으로 늘 어깨가 뻐근하고 아팠다. 그러한 고통의 순간이 맨발 걷기 이후로 점차 사라지고 있다. 한 날은 아내가 이런 말을 했다.

"자기야, 자세가 훨씬 좋아졌어. 어깨 짐이 거의 없어졌어."

"그래? 어디 거울 한 번 볼까? 어, 그러네. 신기하다."

"맨발 걷기가 참 좋은 것 같다. 나도 해봐야겠어."

"그래, 같이 하자."

이렇게 주고받은 대화는 맨발 걷기를 통해 몸이 바로 잡아지는 과정을 잘 말해주고 있다.

아프면 병원 가서 진료받고 주사 맞고 약을 탔다. 그 약이 어떤 효과가 있고 어떤 과정을 거쳐서 낫는다는 것에 대해서는 전혀 의심하지 않았다. 고민 없이 의사에게 내 소중한 몸을 맡겼다. 병이 생기면 치료받고 나으려는 생각을 당연하게 받아들였다.

맨발 걷기 이후 고민이 시작되었다. 인공적이고 의도된 병원 진료가 과연 내 몸을 얼마나 보호해주고 예방해줄까? 아프면 병원 가고 병을 다스리는 것이 맞다. 아프기 전 몸을 돌보는 것이 먼저 필요하다는 생각에 이르렀다. 심각한 병이 아니면 굳이 병원가지 않고 나아야겠다는 생각도 했다. 맨발 걷기는 자연 치유에 대해 관심을 갖도록 했다.

오랜 고민 끝에 내린 정답이 병원이라면 그렇게 해야 한다. 습관적으로 찾는 곳이라면 맨발 걷기를 진지하게 권해주고 싶다

우리는 플라시보 효과에 대해서 잘 안다. 믿음과 신뢰가 주는 긍정적인 힘에 대해서도 명확하게 이해하고 있다. 맨발 걷기가 신체적, 정신적으로 우리에게 주는 효과는 탁월하다. 많은 분들이 말해

주고 있는 결과를 보아도 의심의 여지가 없다. '맨발 걷기를 하면 우리 몸이 좋아질 거야'라고 하는 막연한 믿음도 이러한 결과에 한몫을 한다. 플라시보 효과 덕분이다. 물론 선택지는 본인의 판단이다. 평양감사도 본인이 싫으면 안 되는 것이고 물가에 데리고 간 말이 물을 먹는 것도 자신의 선택이다. 모든 것은 자신의 의지가 낳은 산물이다.

그렇지만 확실하게 말할 수 있다. 하루도 빠지지 않고 맨발 걷기를 수행한 내 자신의 선택이 틀리지 않았음을 스스로가 잘 말해준다. 또한 유튜브 등 온라인, 서적, 많은 사람들의 증언 등을 통해서도 맨발 걷기의 효과는 증명되고 있다.

'자연치유'라는 것에 대해서 믿지 않았다. 그러한 얘기를 들을 때마다 웃었다. 과연 그러한 것이 존재할까, 하는 거부감이 있었다. 요즘은 다르다. 자연치유는 존재하고 우리 삶에 있어서 매우 중요하다고 생각한다. 의도적이고 인공적인 치료가 과연 얼마나 우리 몸에 좋을지에 대해서도 많은 고민을 한다.

지금 시작해도 늦지 않다. 오히려 '시작해도 될까?'라는 고민은 늦게 만드는 요인이다. 건강한 삶을 위해서는 변화가 필요하다. 변화의 시작점 바로 맨발 걷기와 함께하는 것이다. 지금 당장 맨발 걷기를 시작해보자. 분명 삶의 변화, 건강의 달라짐을 느낄 수 있을 것이다. 흙이 있는 곳으로 달려가자.

끝없이 걷고 생각한다. 맨발 두뇌로

맨발로 걸으면 두뇌가 활성화된다. 평소 많이 듣던 이야기다. 이론적으로는 가능할지 몰라도 과연 그럴까?라는 의문이 들었다. 실제로 체험해보니 머리가 맑아지고 생각이 분명해졌다. 맨발 걷기는 단순한 운동이 아니라 삶이요, 철학이요. 변화의 중심이었다. 도대체 이것이 무엇이기에 사람의 마음을 들었다놨다 하는 것인가?

흔히 맨발 걷기라고 하면 신체와 마음의 변화에 대해 많이 이야기한다. 신체 변화는 '허리나 무릎 통증이 나았다.', '체력이 좋아졌다', '안구건조증이 나았다' 같은 외형적 변화에 대한 모습이 주를 이룬다. 마음 변화는 '편안해진다', '차분해진다', '행복해진다'처럼 기분에 대해 언급한다.

나는 걸으면서 글을 쓴다. 맨발 걷기를 하며 일어나는 다양한 생각, 사고 등에 대해 끊임없이 글로 적는다. 걸으면서 생각하고 쓰는 행위가 자연스럽다. 습관 형성이다. 생각하지 않기, 쓰지 않는 행동이 어색하고 낯설 정도다. 습관이 무의식을 지배하고 있다.

맨발 걷기를 하며 가장 많이 드는 생각은 '삶'이다. 살아오면서 한 번도 '왜 살아야 하는지?'에 대한 진지한 고민이 없었기에 자연스러운 일이다. 존재의 이유는 철학적 깊이와 사고를 요하기에 정답을 찾기 쉽지 않다. 한마디로 답을 내릴 수 없기에 다양한 사고과정이 필요하다.

맨발 걷기를 시작했을 때는 삶의 이유가 다양한 경험을 위함이었다. 어릴 적 한때 꿈 꿨던 삶은 '여행 작가'였다. 이곳저곳 다니며 만들어지는 생각, 느낌, 소감을 진솔하게 쓰는 삶이 최고가 아닐까 싶었다. 그러기 위해서는 충분한 재력, 시간, 언어 능력 등을 갖춰야 될 것이다.

국내 여행을 기준으로 보면 그리 어려운 일도 아니다. 맨발 걷기를 하며 전국 방방곡곡을 많이 만났다. 매주 틈 날 때 차를 몰고 맨발 걷기가 가능한 곳은 어디든 다녔다. 그때 드는 다양한 생각들을 글로 기록하고 또 기록했다. 여행과 함께 자연스러운 글쓰기 습관이 만들어졌다.

갈 곳도 볼 것도 많으며 할 말도 천지에 널렸다. 경상도에 가면 그 곳만의 특징과 색깔이 존재하고, 전라도는 그들만의 삶이 있으며, 충청도는 나름대로의 맛이 있다. 좁은 땅덩어리에 어찌 그리 다른 곳, 특이한 곳, 특별한 곳이 많은지 신기할 따름이다. 물론 사람만이 아니다. 자연의 소리, 생김새, 색깔, 냄새, 맛, 느낌 등 오감으로 받아들이는 모든 것이 다르다. 맨발 걷기의 묘미가 아닐까 싶다.

맨발 걷기를 통하지 않고 그냥 단순한 여행으로 끝냈다면 잠시 스쳐지나가는 인연일 수 있었다. 맨발 걷기를 하며 글쓰기를 하니 다양한 모습의 변화를 그릴 수 있었다. 아래 내용은 강원도 오대산 월정사 전나무 숲에서 느낀 맨발 걷기 소감이다.

4시간 정도 달려 도착한 강원도 대관령 맨발 걷기 일정이 못내 아쉬워 도착한 곳은 오대산 월정사 전나무 숲길.

광릉국립수목원 전나무 숲, 변산반도 내소사 전나무 숲과 더불어 우리나라 3대 전나무 숲이라 불릴 만큼 대단한 자태를 자랑한다.

한눈에 보아도 500년 이상은 족히 넘을 듯 보이는 전나무가 엄청난 위압감을 느끼게 한다. 맨발 걷기 할 수 있는 거리가 다소 짧다는 게 아쉬움이라면 아쉬움일 뿐 그 외엔 모두 엄지 척이다. 높은 해발로 인한 선선함과 황토 바닥 특유의 시원함이 압권이다. 길가로 흐르는 오대천의 물소리와 푸름은 오감을 자극하기에 충분하다. 늦은 귀가가 염려되지만 너무 좋은 나머지 왕복길을 걷고 또 걸었다. 반복된 발걸음이 전혀 지루하지 않은 건 물소리, 새소리, 시원한 바람, 촉촉한 바닥, 푸른 나무, 싱그러운 풀냄새가 절묘한 하모니를 이루기 때문이리라. 오지 않았으면 어떡했을까? 최고 수준의 절경을 놓친 아쉬움이 평생 따라 다녔으리라. 발바닥을 편하게 하는 콩고

물 같은 흙이 완전 초보도 편안하게 왔다가 돌아갈 수 있도록 길을 열어준다. 매일매일 이곳을 거닐다보면 건강한 삶은 이미 내 몸 속에 들어와 있으리라. 이곳이 진정 무릉도원이다.

한 발 두 발 내디딜 때마다
활짝 피어난 발바닥의 미소

푸르디푸른 나뭇잎의 박수소리도
차디찬 황토의 기운도

이젠 모두 내 품안에 있다네.
내 맘속에 들어왔다네.

잡힐 듯 잡히지 않는 나무 둘레
놓칠 듯 놓친 물고기의 몸짓

이제 모두 남겨두고 조용히 가리.
아쉬움 그득 남겨두고 살포시 떠나리.

오늘 여정의 아쉬움을 시로 나타내 보았다. 그득한 그리움은 또 다른 만남을 낳고 다시 만날 날을 기약한다. 맨발로 시작된 전나무 숲 탐방이 월정사 경내에까지 이어지고 남의 이목 신경쓰지 않는 이 순간이 신기하고 새롭다. 경내 바닥의 폭신폭신한 흙이 맨발 여정의 든든한 후원자가 된다. 전나무 숲길과 경내로 이어지는 흙은 가히 최고라 할 만하다. 전나무 숲길 반대편에 소나무로 이뤄진 맨발 걷기장이 있음을 확인했다. 기쁨 두 배다. 짧은 거리에 대한 우려가 한방에 날아간다. 맨발로 걸을 수 있는 전체 거리가 약 2킬로 정도 되어 보인다. 안성맞춤이다. 끝없이 이어지는 오대천과 전나무 숲. 한 마디로 금상첨화다. 돌아오는 길에 맛 본 막국수 한 그릇에 피로가 쫙 달아난다. 이것이 강원도의 힘인가보다. healing 되세요(맨발 걷기 227일차에 만나는 특별함).

맨발 걷기를 하며 전국 방방곡곡, 심산유곡을 편안하게 다닐 수 있음은 축복이다. 새로운 곳을 방문할 때마다 끝없이 생각하고 글로 나타낼 수 있음은 행운이요, 행복이다. 맨발로 만나는 특별함이다.

맨발 걷기가 신체적 건강뿐 아니라 정신적 건강도 함께 찾도록 해주는 모습은 생각하고 또 생각하는 데 있다. '맨발 두뇌'라는 표현을 쓰고 싶은 이유다. 맨발과 두뇌는 신체 가장 끝부분에 존재함으로써 평생 만날 수 없는 운명으로 보인다. 맨발 걷기는 둘을 이어주는 오작교요, 중매쟁이다.

맨발 걷기를 하다보면 두뇌 발달과 향상이 저절로 이뤄진다. 발바닥 자극을 통해 두뇌가 자극되고 그 과정 속에서 두뇌 활성화가 일어난다. 오감이 자극되고 그 느낌이 머릿속에 전달되는 과정에서 스스로와 대화할 수 있다.

과연 우리가 언제 자신과의 대화 시간에 집중할 수 있단 말인가?

바쁜 삶 속에서 스스로를 가치 있고 소중한 존재로 인정하는 기회가 얼마나 될까? 자기 존중감이 발끝보다 낮았던 나에게 머리끝보다 더 높게 '자아'를 인정할 수 있었던 계기는 오로지 맨발 걷기였다. 맨발이 내 삶의 중심으로 자리 잡았다.

맨발 걷기를 통해 떠오르는 생각들을 글로 적기 시작하면서 나를 최고의 존재로 인정하기 시작했다. 맨발 걷기는 하루도 빠짐없이 이어졌고, 현재도 하고 있으며, 앞으로도 계속 이어질 것이다. 내 삶이기에 자신 있게 말할 수 있다.

미래는 속단할 수 없다. 적어도 맨발 걷기를 통한 끝없는 사고 과정은 하나의 삶이 되었고 앞으로도 내 삶에서 꾸준히 이어질 것이다. 맨발 걷기를 통해 얻는 이로움이 그만큼 크다는 것을 반증한다. 같은 공간에서의 맨발 걷기가 단조롭고 지겨울 것이라는 속단은 금물이다. 같은 시간, 같은 장소일지라도 그때그때 모두 다른 느낌과 생각으로 다가온다.

내 컨디션, 날씨, 환경 등에 따라 매번 다른 생각으로 무장되는 스스로의 모습에 놀란다. 맨발 걷기가 미래 사회 변화에 대응하는 최고의 장기가 될 수 있지 않을까, 하는 든든한 마음을 가진다.

'인공 지능'이 지배하는 4차 산업혁명 시대에 맨발 걷기는 새로운 변화의 물결이다. 극과 극은 통한다. 그런 의미에서 맨발 걷기와 4차 산업혁명은 찰떡궁합이다. 지금 당장 맨발 걷기를 시작해야 하는 이유다.

나의 운명 맨발 걷기

맨발 걷기를 하루도 빠지지 않고 하는 분이 있다. 나의 권유로 시작하였는데 내 말에 굉장한 감화를 받았단다. 바로 '맨발 걷기는 나의 운명'이라는 말이다. 운명이 어떤 것이기에 맨발 걷기를 하고 있는지, 몹시 궁금했고 그로부터 시작하게 되었단다. 첫날 감동의 연속으로 시작한 지 얼마 되지 않았지만 꾸준히 이어오고 있다고 했다.

운명! 그렇다. 맨발 걷기는 나의 운명이다. '운명'이란 단어의 사전적 의미는 '인간을 포함한 모든 것을 지배하는 초인간적인 힘 또는 그것에 의해 이미 정해져 있는 목숨이나 처지'로 되어 있다. 단어의 의미도 의미이거니와 실제 나에게 맨발 걷기는 운명처럼 다가왔다.

인간은 나약한 존재기에 어려움에 처하면 나 이외의 다른 그 무엇인가를 찾게 된다. 특히 종교를 가지고 있지 않은 사람은 더욱 그렇다. 종교인이라면 각자 믿는 신에게 자신의 고충과 고난의 해법을 얻을 수 있다. 문제는 무교인 사람들이다. 어찌할 방법을 알지 못한다. 나 또한 예외는 아니어서 마음 속 깊은 곳에 존재하는 그 무엇에 빌고 의지한다. 그것이 무엇인지 정확히 알 수는 없지만 무의식중에 기댈 수 있다는 것에서 그나마 다행이다.

살아가면서 어려움에 처할 때마다 스스로에게 최면을 불어넣는다. '어떤 일이 잘 풀릴 때는 하늘이 돕는다'는 생각이요, 그렇지 않을 때에는 '그 길을 가지 말라는 것과 새롭고 좋은 일을 준비하라'는 계시로 받아들인다.

고통과 고난의 순간에 초연하고 의연한 자세를 유지하는 것은 어렵다. '이 또한 지나가리라'라는 심정을 가지는 것도 힘들다. 지나고 보면 아무것도 아닌 것이 그 당시는 죽을 만큼 힘들고 괴롭다. 맨발 걷기를 처음 시작하는 사람은 누구의 권유나 소개로 시작하는 경우가 많다. 간혹 텔레비전이나 신문 같은 언론 보도를 통해서 접하게 되는 사람들도 있다. 나 같은 경우는 후자였다. 어느 날 내 앞에 펼쳐진 신문 한 장으로 나는 맨발 걷기라는 운명으로 빠져들었다.

우연히 신문 보도에서 맨발 걷기를 처음 접했다. 그것은 내 삶을 송두리째 변화시킨 운명이었다. 그 당시 신체적, 정신적으로 지칠 대로 지친 시기였다. 신체적으로는 교통사고, 무리한 등산, 마라톤 등과 같은 운동으로 무릎의 치명적 고통을 안게 되었다. 정신적으로는 끝없는 자기 부정, 불평, 불만이 매일 머리를 어지럽혔다.

이러한 상황에서 그동안 운동으로 다져온 삶이 한순간에 무너질 위기에 처해 있었다. "신체가 정신을 지배하는가?, 정신이 신체를 지배하는가?"라는 질문은 "알이 먼저냐? 닭이 먼저냐?" 하는 물음과 마찬가지로 쓸데없는 소모성 짙은 말이다. 신체와 정신은 어떤 것이 다른 것을 지배한다기보다는 상보적 관계에서 서로를 도와주고 힘을 실어주는 협력적 관계이다. 그러한 이유로 둘 다 소중하고 중요한 위치에 있다. 이렇게 소중한 존재를 모두 다쳤으니 결말은 불을 보듯 뻔하다.

이러한 어려움에 처해 있을 때 '어디선가 누군가에 무슨 일이 생기면……'이라고 시작되는 만화 영화 주제가처럼 나에게 짠하고 나타난 것이 바로 맨발 걷기였다. 정말 아이러니하고 신기할 수밖에 없다. 맨발 걷기는 이전에도 들은 바 있고 그때까지만 해도 몸이 건강했기 때문에 하찮은 것으로 여기고 있었다. 내가 그것을 하리라고는 꿈에서조차 생각하지 못했다.

또한 누군가의 권유나 소개가 아닌 스스로의 내적 동기유발에 의해 시작하다니, 운명이라고 밖에 달리 설명할 도리가 없다. 사람이 어떤 일을 시작할 때 내적 동기유발만큼 중요하고 강력한 동인은 없다. "말을 냇가에 끌고는 가도 물을 먹는 것은 말이다.", "평양감사도 제 하기 싫으면 못한다"와 같은 말이 나온 이유다. 스스로 하고 싶은 마음이 들 때 추진력에 가장 큰 힘을 얻을 수 있다.

더군다나 몸의 이상으로 다른 운동을 전혀 할 수 없는 상황에서 궁여지책으로 맨발 걷기를 선택했다는 것 자체도 신기할 따름이다. 수영이나 일반적인 걷기 같은 것으로도 충분히 대처할 수 있는 상황에서 맨발 걷기를 선택했다는 것 자체는 신비로운 순간이다.

아무리 장점을 알려주고 해야 한다고 권유해도 하는 사람이 있고 그렇지 않은 사람이 있다. 선택의 문제는 본인의 몫이다. 맨발 걷기를 권유받고도 아예 시작조차 하지 않는 사람, 시작하고도 중간에 포기하는 사람, 꾸준히 이어져 오는 사람들의 여러 형태의 모습을 보고 있노라면 선택 의지가 더 중요하게 다가온다. 어떤 면에서는 선택 받은 존재로 비칠 수도 있다.

흔히 산악인들은 산에 오를 때 산신제를 지낸다. 비가 오지 않으면 기우제를 지내듯, 산에 계신 그분에게 무사 완등을 비는 의식을 치른다. 물론 산신의 존재유무는 개인적 판단이다. 그만큼 간절함을 보여주는 것이 아닐까 한다.

사람이 어떤 일을 할 때 몰입, 집중은 굉장히 중요한 결과로 나타난다. "간절하면 이루어진다"라는 말처럼 모든 정신, 생각, 세포 하나하나까지 도달하고 싶은 목표에 집중할 때 결과는 불을 보듯 뻔하다. 돼도 그만 안 돼도 그만이라는 심정을 가지고 일하는 사람과 온몸과 마음을 집중하는 사람이 있다면 어떤 사람에게 더 좋은 결과를 주고 싶겠는가? 말하지 않아도 당연히 후자일 것이다.

그러한 의미에서 맨발 걷기를 만나 핵심습관으로 만들고 글쓰기를 병행하고 있는 내 자신의 모습은 '운명'이라는 단어로 밖에 달리 설명할 길이 없다.

내 주변에도 나로 인해 권유받은 사람이 많다. 가장 가까운 사람으로 아내, 장인, 장모님이 있다. 물론 개인 성향이 성실, 근면, 부지런함이기에 지금까지 꾸준히 이어오고 있다고 반론할 수도 있다. 가깝게는 직장 동료, 멀게는 선후배까지 소개와 권유를 했지만 결과는 천

차만별이다. 시작 사연은 모두 다르지만 결국 맨발 걷기를 하도록 선택되고 축복받은 사람은 운명처럼 따로 정해져 있다고 말하고 싶다.

스스로 필요성을 느껴야지 하게 되고 꾸준히 이어져가는 것 또한 본인 선택에 달려 있다. 그렇지만 운명이 있다면 분명 그 사람을 선택해서 날마다 하도록 독려할 것이다.

그러한 의미에서 나는 엄청난 운명의 선택을 받았다. 맨발 걷기를 통해 신체적으로는 무릎 부상에서 거의 회복되었고 일상생활의 지장이 없게 되었다. 정신적으로는 이 세상에서 가장 가치 있고 소중한 존재로 스스로를 여기기에 이르렀으니 이보다 좋은 것이 또 어디 있으랴?

이제 중요한 것은 선택된 운명에 따라 그것을 쭉 이어가는 것이다. "인연은 맺는 것보다 이어가는 것이 더 힘들다"는 말처럼 맨발 걷기라는 소중한 인연을 꾸준히 이어가려는 의지를 지속적으로 유지하는 것은 중요하다.

그러기 위해서는 맨발 걷기에 대한 끊임없는 사랑과 공부를 지속적으로 유지하는 것이다. "알면 사랑하게 되고 사랑하면 보이나니 그때 보이는 것은 이전과 다르다"라는 말처럼 맨발 걷기에 대해서 지속적 관심을 보이고 있다. 이론적인 것은 한계가 있다. 몸소 체험하는 과정 속에서 진리를 깨우치게 된다. 비가 오나 눈이 오나 바람이 부나 끝없이 이어지는 맨발 걷기가 필요한 이유다.

모든 것은 관심을 보일 때 놀라운 힘을 발휘한다. 이제 2년 이상 했으니 습관이 몸에 배인 것은 당연하다. 그렇다고 해서 긴장의 끈을 놓을 수는 없다. 어떤 일을 꾸준히 유지했다고 해서 영원불멸의 것이 될 수는 없다. 그러기에 인간은 너무나도 나약한 존재다.

만물에 기가 존재하듯 끊임없는 관심, 보살핌이 있을 때 그것이 유지되고 지속될 수 있다. 아무리 허물어져가는 초라한 초가집이라도 쓸고 닦고 치우고 관심을 가질 때 유지되고, 번듯한 대궐이라도 사람이 살지 않은 채 몇 달만 흘러가면 금방 폐가가 될 수 있다. 에너지가 존재한다고 믿는 이유다.

맨발 걷기가 나에게 운명처럼 다가왔다면 그것을 운명으로 받들고 유지하는 것 또한 내 몫이다. 내가 운명처럼 받아들였듯이 나 아닌 또 다른 사람에게 지속적으로 전파할 때 그것의 생명력과 영속성이 유지될 것이다. 그것은 너무나도 당연한 이치다. 그냥 나만 즐기고 끝내기에는 맨발 걷기는 너무 좋고 훌륭한 것이다.

맨발 걷기를 하면서 일어나는 생각을 SNS에 꾸준히 남기는 것도 같은 이유에서다. 글쓰기를 통한 감상을 남기면서 내가 느끼고 받은 즐거움과 행복감을 처음 시작하는 또 다른 누군가에게 전달해주기 위함이다. 그러한 과정은 더 많은 사람이 참여하도록 힘을 준다.

그 속에서 꾸준함을 얻게 되고 한 사람이 또 다른 사람에게 권장할 때 전 국민이 맨발 걷기에 참여한다면 더 바랄 것이 없다.

'끌어당김의 법칙'은 이곳에도 존재한다. "긍정은 긍정을 낳고 부정은 부정을 낳는다"라는 말처럼 긍정적 사고와 생각으로 맨발 걷기를 전 국민에게 전파시킬 수 있도록 노력 중이다. 왜냐하면 그것은 운명이기 때문이다. 우리 모두 맨발 걷기의 운명으로 빠져 들어가면

좋겠다. 모든 선택과 그것을 유지하는 것 또한 본인의 운명임을 알
게 된다.

맨발 걷기 예찬

맨발 걷기를 통해 시작된 내 삶은 끊임없이 이어지는 두뇌 활동으로 이어졌다. 맨발 걷기 중 만나는 여러 가지 생각, 사고, 사색을 통해 삶을 대해 새롭게 공부할 수 있게 되었다.

나에게 있어서 맨발 걷기는 끝없이 좋은 일을 만들어주는 알라딘의 요술램프 같은 존재다. 원하면 언제든지 나타나 어려운 문제를 해결해준다.

맨발 걷기는 운명이다. 운명은 개척한다고 하지만 일단 만남의 기회가 주어져야 한다. 선택하고 안 하고는 그 다음 문제다. 맨발 걷기는 선택받은 사람만이 할 수 있다는 게 내 지론이다. 아무리 좋은 것도 만나지 못하면 할 수 없는 것이고 설령 만나더라도 본인의 의지가 없이는 지속적으로 할 수 없다. 그 모든 것은 우주의 기를 받아야 한다.

나에게는 치명적 무릎 부상이 운명의 기회를 가져다주었다. "위기는 기회다"라는 말을 믿는 이유다. 연골 찢어짐 결과를 받았을 때만 해도 하늘이 무너져내릴 것만 같았다. 수술이라는 선택을 하지 않고 맨발 걷기와 만난 것은 행운이다. 꾸준히 이어간 것 또한 기회였다. 맨발 걷기를 통해 거듭난 삶을 살고 있는 이유다.

무릎 부상을 당했을 때만 해도 '왜 나에게 이런 시련이 오는가?'라는 생각과 함께 하늘에 대한 원망, 몸 관리를 하지 않은 자책으로 하루하루가 힘들게 이어졌다. 맨발 걷기를 2년 이상 하고 있는 지금은 '나에게 새로운 삶을 열도록 해주기 위한 의도적 시련이었구나'라는 안도의 숨소리와 만족감, 행복감이 이어진다. '한평생 맨발 걷기만 하고 살아도 행복하겠구나.'라는 생각으로 충만한 삶을 이어가고 있다.

어쩌면 태어날 때부터 40대 후반 삶은 맨발 걷기하며 살도록 정해져 있었는지도 모르겠다. 맨발 걷기는 살아야 할 이유를 안겨준 동반자다. 그동안 높은 목표만을 도달하려 했기에 우울한 마음이 뒤덮였었다. 남들이 보기엔 모든 것을 이룬 것처럼 보였지만 항상 배가 고팠다. 산악인들이 하나의 정상을 오르고 나면 더 높고 험한 정상 등정을 목표로 하듯 내 삶 또한 그랬다. 삶이 고달프고 힘든 이유였다.

'방법과 내용만 달랐지, 늘 새로운 목표를 이루기 위한 삶을 살아왔다. 예전에도 그랬고 지금도 그러하며 앞으로도 그럴 걸?'이라고 스스로 말하고 있었다. 그 목표의 중심에는 남의 이목, 시선, 관심이 자리를 잡았다. 내 자신은 존재하지 않았다. 남의 눈치를 살펴야 했던 이유다. 타인의 부정적 평가, 비판이 있는 날이면 언제나 알코올을 들이키며 스스로를 자학하고 부수며 살아왔다.

맨발 걷기를 하며 가장 달라진 점이 '나'를 찾은 것이고 스스로에게 집중하며 칭찬하고 긍정하기 시작했다는 점이다. 이제 세상의 중심이 내가 되었다. 이른 새벽 맨발로 땅을 밟는 내 모습을 보며 늘 외친다.

"너 참 괜찮은 친구야, 매일 새벽 일어난다고 고생 많다. 오늘도 파이팅! 하자."

이런 모습을 꿈속에서라도 상상했겠는가? 늘 부정하고 미워하며 학대했던 내 자신에게 미안한 감정이 들었다. 그동안의 미안함을 보상이라도 해주듯 매일 매일 칭찬하는 횟수가 늘어났다.

우리는 삶을 살면서 '나는 누구인지? 왜 살아야 하는지'에 대해 진지하게 고민하는 시간이 많지 않다. 바쁜 일상 속에서 한번이라도 자신과의 대화를 하며 살아온 적이 있는지 묻는다면 대부분의 사람들이 아니라고 말할 것이다. 삶이 바쁘다기보다는 그렇게 생각해야 할 이유와 방법을 몰랐다. 그저 주어진 대로 살기에 바빴다.

맨발 걷기를 시작하면서 가장 달라진 점은 자신과 대화 시간을 매일 확보할 수 있다는 것이다. 대지와 발바닥과의 접촉은 그 자체로 끝나는 것이 아니라 대뇌를 자극해서 끝없이 생각이 이어지도록 한다. 그 속에서 행복감, 만족감, 성취감이 일어날 뿐만 아니라 내 자신에게 격려를 해줄 수 있다. 그 시간이 꼭 필요하고 소중한 이유다.

그동안 살아왔던 삶에 대한 회상, 반성, 재도약을 위한 다짐, 현재 삶에 대한 계획, 분석, 앞으로 어떻게 살 것인가에 대한 여러 가지 생각들을 맨발 걷기 하는 동안 끝없이 하게 된다. 그 속에서 살아야 할 이유를 찾았고 어떻게 살아가야 할지에 대한 방향도 서서히 정해 가고 있다.

맨발 걷기를 통해 나 자신뿐만 아니라 세상의 모든 사람들이 행복하고 즐거운 삶을 살 수 있도록 이바지하는 것이 내가 존재하는 이유가 아닐까 생각된다. 작든 크든 꾸준히 봉사하는 마음으로 맨발 걷기를 홍보한다. 기회가 오기는 쉽지만 그것을 포착해서 유지하는 것은 오로지 나의 선택에 달려 있다. 그래서 더 소중하다. 앞으로 맨발 걷기를 알리며 선한 영향력을 실천할 수 있다면 그보다 더 행복한 삶은 없을 것이다. 그러한 면에서 맨발 걷기는 내가 살아야 할 이유를 안겨준 동반자다.

맨발 걷기는 끝없이 좋은 일을 만들어주는 알라딘의 요술램프라고 말했다. 그동안 이어져 왔던 부정적 삶은 맨발 걷기를 통해 긍정의 꽃을 피웠다. 삶의 모든 중심을 나 자신에게 옮기게 된 것이 결정적 이유요, 그것을 만들어준 것이 맨발 걷기다.

내가 중심이 된 삶을 살게 되면서 주변의 인식, 비판, 부정적 평가에 대해 의식하지 않을 수 있게 되었다. 어차피 '사람은 다른 사람을 욕하게 되어 있어. 대통령도 100% 지지는 받지 못하잖아'라고 생각하게 되었다. 엄청난 사고의 전환이다. 나를 사랑하게 된 것이 가장 큰 변화다. 왜 그렇게 남의 생각, 이목, 비판에 얽매여 살았는지 지금 생각해보면 이해되지 않는다. 아니, 그렇게 살아봤기 때문에 지금 이 순간이 더 소중할지도 모르겠다. 아무튼 내가 바로 서고 난 이후로 삶의 만족감은 상상할 수 없을 정도로 커져만 간다.

맨발 걷기를 만난 이후로 점점 좋은 일들이 많아지고 있다. 정신적 안정이 가장 크다. 끝없는 갈등, 스트레스 상황 속에서도 하루 40여 분에서 1시간 정도의 맨발 걷기를 수행하고 나면 언제 그랬냐는 듯이 편안함을 유지하게 되고 행복감이 밀려든다. 소위 행복 호르몬이라고 불리는 세로토닌 분비가 가속화되었기 때문일 것이다. 그로 인해 만족감 있는 삶을 살고 있다.

얼굴 표정이 밝아졌다고 한다. 최근 오랜 만에 만나는 사람들마다 얼굴이 좋아졌다는 말을 많이 한다. 오랜만에 한 선배가 물었다.

"이게 누구야, 몰라봤네. 얼굴도 젊어지고 자세도 엄청 꼿꼿하게 변했네. 비결이 뭐야?"

나의 대답은 당연하다.

"맨발 걷기 때문이지요."

신체적 변화도 무시할 수 없다. 끝없는 고통으로 이어질 줄 알고 걱정했던 무릎 통증이 맨발 걷기 이후 사라졌다. 신비로운 경험이다. 무릎 뒤쪽, 아킬레스건의 강화가 주요한 이유가 될 것이다. 기울었던 자세가 서서히 회복되고 있다. 한쪽 어깨의 치우침 현상으로 늘 뻐근하고 불쾌감이 들었던 목과 어깨가 편안해졌다.

체력이 급격히 좋아졌다. 과거엔 서너 시간의 수면으로 하루 종일 몽롱한 상태 유지되었다면 최근에는 맑은 정신으로 하루를 견딜 수 있다. 근력도 엄청 좋아지고 무엇보다 체형이 바로 잡혔다.

숙면을 취하게 되었다. 한 번 시작된 잡념은 쉽게 수면 상태로 들어가지 못하게 방해했었다. 잠을 자도 개운한 맛이 없었다. 요즘엔 기절했다 싶을 정도로 깊은 숙면을 취한다. 맨발 걷기가 몸의 조화와 균형을 잡아주기 때문이리라. 나뿐만 아니라 많은 분들이 맨발 걷기 이후 졸음이 오거나 잠을 깊이 잘 수 있다고 말한다.

독서와 글 쓰는 습관을 만들어주었다. 맨발 걷기를 통해 익힌 꾸준함은 독서, 글쓰기라는 또 다른 좋은 습관을 가져오게 만들어주었다. 텔레비전, 스마트 폰 사용 증가로 독서에 대한 기회와 관심이 급격히 줄었다. 맨발 걷기를 하면서 책에 대한 관심이 늘어나게 되었고 책을 가까이 하는 습관을 가지게 되었다.

글쓰기는 맨발 걷기가 가져온 또 하나의 선물이다. 글쓰기는 막연하게 하고 싶다는 생각을 실제로 적게 만드는 현실을 만들어주었다. 맨발 걷기 이후 꾸준히 무엇인가를 쓰고 있는 내 모습을 볼 수 있게 되었다. 쓰는 순간만큼 마음의 행복을 느낀 적도 드물다. 쓴다는 것이 이렇게 행복감을 주게 될 줄 예전에는 미처 몰랐다. 내면 깊은 곳에 숨어 있는 작은 감정, 생각 하나까지도 쓸 수 있어서 좋다. 글쓰기가 또 다른 운명인 이유다.

많은 좋은 분들과의 만남을 가능하도록 해주었다. 사람은 살면서 수많은 관계 속에 살아간다. 그 중 하나가 인간관계다. 그 속에서 상처받고 아파하며 괴로워한다. 그렇게 받은 상처가 아물고 치유되는 것은 또 다른 인간관계를 통해서이다.

맨발 걷기로 알게 된 많은 인연은 소중하다. 많은 분들의 관심,

격려는 또 다른 삶의 희망으로 다가왔고 나 또한 그분들을 위해 어떤 일을 할 수 있게 되었다. 인간관계가 이렇게 좋은 줄 다시 알게 된 계기가 되었다.

하루가 모여 한 주가 되고 한 주가 모여 한 달이 되고 한 달이 모여 일 년이 되고 일 년이 모여 인생이 되듯 맨발 걷기를 하면서 얻게 된 소중한 인연은 운명처럼 나에게 다가왔다. 그 운명이 너무나 소중해 마음 속 고이 간직하는 이유다.

받으려고만 하면 줄 수 있는 마음의 여유가 없듯 주려는 마음을 가질 때 가장 행복감을 얻을 수 있다. 내가 존재해야 하는 이유는 바로 누군가에게 조금이나마 도움을 줄 수 있다는 희망을 가지기 때문이다.

맨발 걷기로 인해 새로운 삶을 열었고 그 속에서 많은 또 다른 좋은 것들이 마구 일어나는 것은 끌어당김 법칙의 재현이다. 이 정도면 맨발 걷기 한번 해보는 것도 괜찮지 않을까? 나에게 운명처럼 다가온 맨발 걷기가 다른 누군가에게 또 다른 운명이 되길 간절히 빌어본다.

내가 만난 전국 맨발 걷기 명소

내가 처음 맨발 걷기를 시작한 곳은 집 주변 운동장이다. 그곳에서 첫발을 디뎠던 이유는 접근성 면에서 가장 효율적이었기 때문이다. 최근 산업화, 문명 발달이라는 긍정적 측면은 밟을 흙의 부족이라는 치명적 아픔을 주었다. 편리성으로 예전 같으면 흙이었던 공원, 놀이터 같은 공간까지도 우레탄 같은 인공물로 바뀌었다.

그나마 다행스러운 것은 학교 운동장에 아직 흙이 남아 있다는 것이다. 물론 이마저도 인조잔디, 우레탄으로 변해가고 있지만 여전히 흙을 가장 쉽게 밟을 수 있는 곳은 학교 운동장이다. 시간이 적을 경우 주로 이곳에서 맨발 걷기를 하고 지낸다. 차츰 익숙해지자 새로운 곳을 찾게 되었다. 대구 지역은 물론이고 전국 맨발 걷기 명소라고 하는 곳은 계속해서 찾아가게 되었다.

가장 먼저 찾은 곳은 충청도에 위치한 대전 대덕구 장동에 있는 계족산이다. 맨발에 조금이라도 관심을 가지고 해본 사람 중 이곳을 모르는 사람은 아마 거의 없을 것이다. 그만큼 맨발 명소 1번지로 꼽히는 곳이다. 그 이유는 다름 아닌 우리 몸에 엄청난 이득을 주는 황토가 전 구간에 깔려 있기 때문이다. 황토가 몸에 좋은 것은 다 알고 있다. 특히 맨발 걷기에는 더없이 이로운 흙이다. 계족산이 한자로 '鷄足山'이고 그 의미가 '닭발'처럼 퍼져나갔다고 하는 것을 걸어보니 실감할 수 있었다. 마지막 부분에 다다르니 다시 만나는 지점이 나타나고 원래 자리로 되돌아오게 되었다.

경북 문경의 문경새재는 옛날 과거 보는 선비가 추풍낙엽처럼 떨어질 것을 염려하여 '추풍령'을 마다하고, 대나무처럼 미끄러질 것을 걱정하여 '죽령'으로 가지 않고 찾았다는 길이다.

관문이 총 3개가 있는데 1관문은 주흘관, 2관문은 조곡관, 3관문은 조령관이다. 총 길이는 1관문에서 2관문까지 3.0킬로미터, 2관문에서 3관문까지가 3.5킬로미터 정도였다. 왕복 13킬로미터 정도 되는 거리니 계족산보다 짧다고 보면 된다.

이곳의 특징은 가을 단풍이 특히 아름답고 끝없이 흐르는 물소리가 나그네의 외로움을 덜어준다는 것이다. 자연스러운 멋과 옛 선비의 과거 길을 맨발로 동참한다는 새로운 경험이 다시 이곳을 계속 찾게 만든다. 인근에 있는 문경온천은 또 다른 재미거리가 맨발로 이곳을 디뎌보니 황토의 맛과 일반 흙이 주는 또 다른 맛이 절묘하게 조화를 이루어 편안함과 만족감, 행복감을 안겨 준다. 세로토닌 분비가 다른 어느 곳보다 많이 되는 것을 몸소 느낄 수 있다. 그 이유는 시각, 청각, 후각, 촉각, 미각의 오감을 제대로 맛볼 수 있기 때문이다. 문경새재는 자연과 하나 되는 놀라운 체험을 할 수 있는 맨발 걷기 최적의 장소다.

전라남도 영광 물무산은 산의 허리를 돌아가는 곳에 임도를 만들어 자연을 관리할 수 있도록 조성한 곳이다. 중간에 있는 편백나무 숲이 피톤치드의 감미로움을 제대로 느낄 수 있게 만들어준다. 특히 '질퍽질퍽 맨발 걷기장'으로 이름 붙여진 곳에는 스프링클러를 작동하게 하여 늘 촉촉한 상태에서 황토를 만날 수 있게 한 점이 이채롭다. 그만큼 맨발 걷기를 하는 사람들에게 편리성을 추구하려는 고민의 흔적이 역력하다.

강원도는 산림의 보고다. 그만큼 높은 고지의 산도 많을 뿐더러 제대로 된 산림 체험의 현장이다. 산에 심어져 있는 나무도 삼나무, 편백나무, 가문비나무 등 침엽수림으로 지형적 특징을 잘 나타내준다. 이곳에 '국민의 숲'이라는 곳은 대관령 인근에 위치하고 있으며 워크 앤 런이라고 하는 단체에서 맨발 걷기, 맨발 달리기 등 행사를 주관한다. 이곳에 참가를 하여 풍요로운 산림을 제대로 느끼게 되었다. 그곳 체험 후 바로 만난 곳은 월정사 전나무 숲길이다. 지금까지 전국 여러 곳을 다녀봤지만 이곳만큼 괜찮은 곳도 드물다. 평지에 바닥이 붉은 황토로 이루어져 있으며 특히 길과 함께 흐르는 오대천의 푸르고 맑은 물소리와 시원함은 '왜 이곳이 맨발 걷기 장소 최고 중의 하나인지?'를 잘 말해주고 있다. 몇 번을 왕복해서 걸어도 지겹지 않은 신선함과 새로움이 일품이다.

부산광역시 명소는 땅 뫼산 황토 맨발 걷기장과 백양산이 일품이다. 땅 뫼산 맨발 걷기장은 오륜대를 이용해서 접근할 수 있는데 1킬로미터 정도의 거리지만 인근에 조성되어 있는 회동 저수지의 풍요로움과 편백나무 숲이 주는 감미로움이 일품이다. 백양산은 임도로 조성되어 있는 곳으로 신라대학교를 통해서 접근했다. 평소 숲속 마라톤, MTB 대회를 주체할 정도로 걷기에 안성맞춤으로 잘 조성되어 있다. 특히 끝없이 이어지는 왕벚꽃나무의 존재는 3월말~4월초 방문해야 할 이유를 말해주고 있다.

전라남도의 또 다른 장소는 백운산 자연 휴양림에 조성되고 있는 황토 맨발 걷기장이다. 그곳을 찾았을 때 한창 공사가 진행 중이었기 때문에 지금은 제대로 맨발 걷기를 할 수 있을 것이다. 백운산이라는 울창한 산림이 주는 풍요로움을 마음껏 누릴 수 있어 기운이 샘솟는다.

전라북도 순창에는 강천산이라는 곳이 있다. 약 2킬로미터 정도가 조성되어 있는 이곳은 족욕장이 갖춰져 있어 맨발 걷기를 하기에 좋은 장소이다. 특히 가을 단풍의 멋은 가보지 않은 사람은 알 수 없을 만큼 풍요로움을 선사하다.

충청도의 또 다른 명소는 세종 시에 위치하고 있는 오봉산 맨발 걷기장이다. 산 전체를 하나의 맨발 명소로 만들어놓고 이정표 또한 명확하게 제시되어 있어 맨발로 산을 오른다는 자부심을 찾을 수 있는 곳이다.

경상남도 김해에는 분성산이라는 곳이 있다. 그곳에도 임도를 이용하여 맨발을 할 수 있는 곳이 조성되어 있는데 바닥이 자갈로 이뤄진 곳이 많아 다소 발이 아플 수도 있다.

경상남도 진해에는 편백나무 숲으로 이뤄진 맨발 걷기 명소가 있다. 하나의 길이 아닌 여러 갈래의 맨발 장소가 이곳의 특징이다. 중간 사이사이에 나무로 된 침대가 있어 낮잠을 늘어지게 잘 수 있는 것도 하나의 맛이라면 맛이다.

경상북도 상주에는 성주봉 자연 휴양림이 있다. 500미터 정도의 황토 맨발 걷기장으로 벽돌로 흙이 옆으로 새어나가지 않도록 잘 잡아주는 특징이 있다. 해마다 여름이 되면 그곳을 찾는 사람들이 불야성을 이룰 정도로 인기 많은 곳이다.

맨발 걷기에 대한 의지는 전국 100대 명산을 찾게 만들었다. 지금까지 13개 정도의 산을 만났다. 대구의 팔공산, 비슬산을 비롯하여 김천 황악산, 창녕 화왕산, 영주 소백산, 창원 무학산, 통영 지리산 사량도, 제주 한라산, 통영 미륵산, 고성 연화산, 울릉도 성인봉, 정읍 내장산, 부산 금정산이다.

산을 오를 때마다 들려온 탄성이 지금도 귀에 생생하다. 어떤 이는 "정상에서만 사진 찍고 다른 곳에서는 신발 신는 거 아니야?"라고 할 정도였다. 그들이 내뱉는 울림이 응원이 되어 오를 수 있었던 것 같다.

그 중 가장 기억에 남는 곳은 통영 지리산 사량도, 제주 한라산, 울릉도 성인봉이다. 세 곳 모두 섬이어서 걸어서는 갈 수 없는 특징이 있다. 배와 비행기에 의지하여 그곳을 찾았다.

통영 지리산 사량도를 가기 전 다음과 같은 말을 들었었다.

"거기 맨발로는 못 올라가요. 신발도 쫙쫙 찢어지는데 맨발로는 불가능합니다."

"맨발로 오르려면 작두 위에 올라가서 무당처럼 뛰어서 괜찮으면 가능합니다."

실제로 올라보니 잘게 부서진 돌이 파편처럼 발바닥을 노려보고 있었다. 하마터면 상처라도 입을 수 있는 위기였다. 눈을 부릅뜨고 오를 수밖에 없었다. 낮 기온 35도 이상의 폭염 속에 진행된 탓에 철 계단을 맨발로 계속 이어가기 어려웠다. 그늘진 구석을 찾아가며 겨우 하산했다. 자연 앞에서 고개가 숙여지는 겸허함을 배웠다.

제주도는 소백산 이후 두 번째 국립공원 방문인데 공통된 특징이 나무 계단이 많다는 것이다. 등반객들의 편리성을 위해 설치되었지만 맨발 걷기하기에는 다소 불편함이 존재했다.

'멧돼지 주의'라는 현수막이 '이곳에도 멧돼지가 출현하는구나!'라는 생각을 갖게 했다. 다행히 많은 사람들이 함께 오르는 상황이라 크게 두려움은 없었다. 산을 오를 때마다 보이는 '진달래 밭 대피소에 13:00까지 통과해야 정상을 갈 수 있습니다.'라는 문구가 걸음을 재촉했다. 해발이 높기에 안전을 최대한 고려한 조치다. 총 8시간 30분의 시간으로 맨발 걷기 사상 가장 먼 거리를 걸었다. 제주도 한라산을 오를 수 있도록 허락해준 자연에게 감사함을 전한다.

울릉도 성인봉은 아내와 함께했다. 예전에도 한 번 방문한 적이 있었지만 성인봉을 오르기는 처음이다. 그것도 맨발로. 전혀 흔들

림 없이 오르는 아내의 집념에 혀를 내둘렀다. 해발은 높지 않았지만 깎아지른 절벽이 경사를 말해준다. 대구 약전 골목을 연상케 하듯 천연 약초 냄새가 코끝을 자극한다. 향에 취해 잠이 쏟아질 지경이었다. 신비로움이 저절로 몸 속 깊숙이 스며들었다.

섬에 위치한 산을 찾으며 불가능을 가능으로 만들었다. "마음만 먹으면 못할 것 없다"는 진리를 다시금 체험했다.

전국 각지에 있는 맨발 걷기 장소와 전국 100대 명산 맨발 걷기 체험은 맨발로의 여행 문화를 만들었다. 최근 들어 더 많은 관심을 받고 있는 맨발 걷기가 멋진 장소로 만들어지고 있으며 그곳을 찾는 인구 또한 매년 늘고 있다. 맨발 걷기는 산업화, 문명화 되어가고 있는 이 시점에서 자연의 힘이 건강에 미치는 영향이 그만큼 크고 중요하다는 것을 여실히 보여주고 있다.

앞으로도 꾸준한 관심 속에 이러한 곳이 계속해서 늘어날 것이고 만들어질 것이다. 이러한 붐을 계속해서 조성하기 위해서는 관심뿐만 아니라 실제로 행함을 보여주는 많은 분들이 있어야 할 것이다. 맨발 걷기 장소의 확충에 필요한 것은 관심과 실천이다. 지금부터 서서히 양말과 신발을 벗어버리고 맨발로 대지와 만나는 축복을 받게 되길 기원한다.

chapter 5

글쓰기로
되찾은 나

맨발 걷기 하면서 함께한 것은 글쓰기다. 평소 글쓰기에 대한 관심과 흥미는 많았으나 딱히 시도할 기회가 없었다. 맨발 걷기를 하면서 떠오르는 여러 가지 생각과 마음을 글로 표현하면 어떨까, 하는 결론에 도달했다. 처음 시작했던 방법은 스마트폰 메모장 기능을 활용한 글쓰기였다. 맨발 걷기를 하며 쓴 글을 SNS에 올렸으며 여러 사람들과 공유할 기회를 가졌다. 사람들이 보내는 글에 대한 격려 메시지를 받을 때마다 제대로 된 시작이라고 생각했다. 글쓰기 습관은 멈출 수 없고 지금도 이어진다. 작가 스쿨과의 인연으로 글쓰기라는 인생 최고의 친구를 만났다.

어느 날, 작가가 되다

2018년 2월 19일 오후 17시 30분. 한 중학교 운동장에서 맨발 걷기 하는 분을 만나게 되었다. 맨발 걷기 경험이 나와 비슷하고 책 한 권을 집필한 작가였다. 여러 가지 상황이나 성향 등을 비교했을 때 나와 많은 부분이 닮았다. 초면에 모든 것을 판단하는 것은 불가능했지만 심리적 동질감을 느꼈다. 사전 전화 통화로 인사를 했고 그곳에서 만났다. 2월이라 날씨가 다소 추웠음에도 포항에서 대구까지 먼 거리를 한걸음에 달려와준 고마운 분이다.

처음 나에게 건네준 것은 본인이 직접 집필한 책이었다. 눈에 들어온 핵심 키워드는 '내 삶의 당당한 주인', '더불어 행복한 세상' 두 가지였다. 문구도 감동적이었지만 처음 보는 사람에게 친필 사인 책을 받는다는 것은 영광이었다. 그만큼 마음이 따뜻했다. 겉모습도 순수하고 맑은 영혼을 가지고 있었다. 몇 마디 대화에서 금방 알아차릴 수 있었다.

그분과의 만남 속에서 나는 거듭났다. '운명적 만남'이라는 말이 가장 적합할 만큼 내 인생 변화에 절대적 믿음을 주었다. 내가 글을 쓰고 새로운 삶을 살 수 있도록 많은 영향력을 주었다. 내 삶의 디딤돌이라고나 할까, 고맙고 또 고마웠다. "인생은 살 만한 것이다"라는 글귀가 떠오르는 순간이다.

그분 또한 작가 삶을 살면서 인생에서 가장 행복한 순간을 맞이했다고 했다. 그러면서 자신이 다녔던 작가 스쿨을 내 SNS를 통해 흔쾌히 소개해주었다.

'내가 글을 쓴다고?' 처음엔 반신반의했다. 그렇지만 우연히 찾아온 기회를 잃어버리고 싶지 않았다. 평소 글쓰기에 대한 관심과 호기심을 늘 가지고 있었기에 무조건 참여를 결정했다. 이렇게 갑자기 기회가 찾아온 것에 너무 흥분되고 기대되었다.

2018년 5월 13일 오후 3시. 드디어 첫 강의에 참석하였다. '도대체 작가 스쿨이라는 곳이 어떤 곳인지, 강의하는 사람은 누구인지?' 궁금한 게 한두 가지가 아니었다. 처음엔 주차 공간이 걱정되어 지하철을 타고 이동하려다 급한 나머지 택시 타고 가까스로 2시 57분에 강의실에 도착했다.

십여 명의 사람들이 벌써 와 있었고 강사도 강의를 위해 앞쪽에 서 있었다. 한 눈에 봐도 포스가 느껴졌고 뭔가 대단한 것을 준비한다는 위압감을 받았다. 개인적으로도 강의를 많이 했기에 항상 긴장의 연속을 느낄 수 있다. 그날은 청중이 됨으로써 편안함이라는 감정을 얻었다.

생각할 겨를도 없이 바로 강의가 시작되었다. 흔히 등장하는 PPT가 앞 화면을 가득 채웠고 특유의 쩌렁쩌렁한 울림의 목소리가 긴장감을 더욱 자극시켰다. 소개부터 예사롭지 않았다. 강의 내용도 신선했다. 글쓰기 강의는 글 쓰는 방법과 스킬에 대해서 얘기해줄 것이라는 내 예상은 보기 좋게 빗나갔다. 이번엔 달라도 너무 달랐다.

작가의 인생 스토리가 시작되었고 '글을 왜 써야 하는지?'에 대한 철학적 물음을 던졌다. 글을 써야 하는 이유와 필요성, 글 쓰고 난 후의 카타르시스를 다양한 경험과 함께 풀어나갔다. 뭔가 한 대 얻어맞은 기분이었다. '아! 이런 이유로 글을 쓰는구나!'라는 생각과 함께 쓰고 싶다는 갈망이 무르익었다. 글을 잘 쓰는 방법은 특별한 것 없고 계속 쓰는 게 정답이라고 했다. 참 단순하고 쉬웠다.

랩이 아닌 고저장단, 강약이 적절히 섞인 강의법은 편안함과 집중력을 전해주었다. 강의 달인을 만나는 순간이었다. 재깍재깍 울리는 초침이 가슴의 콩닥거림과 묘한 조화를 이뤘다. 글쓰기라면 특별한 사람, 타고난 사람, 능력 있는 사람들의 전유물이라고 생각했던 고정관념을 한방에 날려버릴 수 있어 시원하고 좋았다.

'나도 이제 책 한 권 정도는 쓸 수 있겠구나' 하는 막연한 희망과 결심이 슬슬 생겼다. 작가 스쿨은 특별했다. 흔히 책이라고 하면 글 좀 쓰는 사람만의 전유물이라고 생각했던 기존 통념을 뒤엎어버렸다. 모든 사람이 책을 낼 수 있고 작가가 될 수 있다고 강조했다. 끊임없이 쓰기만 하면 된다는 것이 강의의 핵심이었다.

'그래, 이제 나도 작가가 되는 거야. 한 번 해보자'라는 결심이 강의에 더욱 몰입하게 만들었다. "초고는 쓰레기다. 처음부터 완벽한 글 쓰려고 하지 마라. 헤밍웨이가 얼마나 많이 작품을 고쳤는지 알고 있느냐?, …… 작가는 고쳐 쓰는 사람이다" 등과 같은 강의 내용은 쏙 빨려 들게 만들었다.

정말 놀라운 순간이었다. 세 시간 동안 이어진 강의 속에 한 번도 지겹다는 생각이 들지 않았다. 열정적인 강의도 강의거니와 이제껏 한 번도 작가가 될 수 있다는 기대와 희망을 가지지 못한 나로서는 한 마디로 충격 그 자체였다. "그냥 무조건 쓰기만 하면 다 책이 될 수 있다"는 그 한 마디는 확신에 찬 어조였다. 진짜로 그대로 하기만 하면 될 것 같다는 생각이 계속해서 들었다.

이미 맨발 걷기를 통하여 꾸준함 하나는 내 몸 깊숙이 습관화되어 있었기에 꾸준히 쓰는 것에는 자신 있었다.

'그래, 한 번 해보자. 초고만이라도 완성해 보자. 설마 거짓말 하겠나, 믿어보자.'

어떤 사람이든지, 무슨 일이든지 신뢰와 믿음만 있으면 된다는 할 수 있다는 평소 신념이 힘을 발휘할 기회를 갖게 되었다.

맨발 걷기 하며 그날그날의 감흥, 생각, 떠오르는 사고 등을 기록해왔기에 나의 글쓰기도 초보 수준은 벗어나고 있었다. A4라는 정식 공간이 아닌 폰이라는 좁은 공간에 글 쓴다는 것이 한계일 수도 있다. 어찌됐던 꾸준히 맨발 걷기하고 글 썼다는 것은 이미 작가로서의 기본 소양을 갖췄다고 여겨졌다. 그 당시 난 작가의 길을 달리고 있는 초보 작가였다.

뭐에 대해서 써야 할지 참 난감한 일이었다. 어린 시절 겪었던 여러 이야기, 좋았던 일, 힘들었던 일처럼 손쉽게 다가설 수 있는 글부터 썼다. 두 번째는 내가 그토록 열심히 하고 있는 맨발 걷기에 관한 이야기다.

맨발 걷기를 어떻게 시작했고, 어떤 점이 좋은지 같은 실제 경험 이야기를 썼다. 목차가 추상적일 때는 글이 막히기도 하고, 쉬운 내용은 써내려가는 속도도 엄청 빨랐다. 내용에 따라 글 쓰는 속도의 차이가 느껴졌다.

하루 중 언제 글을 쓸지에 대한 고민을 반복했다. 글쓰기 습관은 고정된 루틴이 필요하다. 정해진 시간에 정해진 분량을 써야 한다는 말이 머릿속을 뱅뱅 돌았다. 꾸준히 이어진 새벽 활동이 몸에 배어 그런지 그때가 가장 좋았다.

새벽 글쓰기 장점은 여러 가지가 있다.

우선, 일어나기 쉽다. 사람들은 보통 새벽에 일어나기 위해 알람을 설정해 놓는다. 하나가 안 되면 두세 개까지도…… 알람에 의존해서 기상을 한다. 나 같은 경우는 알람 없이도 새벽 기상은 편안하다. 일상이기 때문이다. 술 등으로 인해 몸이 극도로 피곤한 경우는 예외다. 그 외에는 마음먹은 대로 눈이 잘 떠졌다.

새벽엔 정신 집중이 잘된다. 왜 그런지 정확히 알 수는 없지만 습관의 영향이다. 새벽에 물 한 잔으로 목을 축이고 얼굴에 묻힌 물 한

방울로 정신을 가다듬으며 컴퓨터 모니터를 뚫어지게 바라보면 없던 생각도 저절로 생긴다.

때때로 밤에 써보기도 하지만 지쳐서인지 글쓰기가 제대로 이뤄지지 않는다. 새벽을 깨운다는 마음으로 글쓰기를 하는 이유다. 새로운 아이디어, 생각, 글이 떠오르는 시간도 새벽이다. 밤새 하드 디스크가 정리 되듯 머릿속도 깨끗이 비워져 그런 것 같다. 뭘 쓸지 고민하다 보면 쓰지 못하는 경우가 많다. 그럴 땐 일단 잔다. 자고 나면 술술 써내려간다. 그렇게 잘 써질 수가 없다. 내가 하는 일은 단지 자판 두드리기다. 누군가 자판에 입력할 글을 보내주는 듯하다. 새벽에 매일 글을 쓰게 되는 이유다. 사람마다 자신의 성향이 있기에 특정 시간이 정답일 수는 없고 자신에 맞는 시간대를 선택해서 글 쓰면 된다. 이러한 과정을 거쳐 《맨발걷기》를 완성했다.

남들은 책 한 권 출간하면 '작가'라고 부른다. 나도 논문을 많이 써 봤기에 작가라고 불릴 수 있을까? 그렇지 않다. 논문과 책 쓰는 것과의 차이는 확연하다. 전자가 특정한 주제를 가지고 정답을 만들어가는 과정이라면 후자는 있는 그대로의 세계를 끄집어내어 독자와의 대화를 만들어간다.

작가라면 책을 몇 권 썼는지가 중요한 게 아니라 꾸준히 글 쓰는 과정 속에서 보람과 만족을 느낀다고 생각한다. 책을 내지 않아도 매일 글 쓰는 과정만 있어도 감히 작가라고 부르고 싶다. 글을 매일 쓰는 것은 생각보다 쉽지 않기에 그렇다.

쓰는 행위 속에서 행복을 찾고, 쓰는 과정 속에서 만족감을 얻으며 쓰기를 통해 내면에 잠재되어 있는 불평, 불만을 모두 해소시킬 수 있는 작가로서의 삶도 괜찮은 것 같다.

어릴 적 소원인 여행 작가로서의 꿈도 서서히 이뤄가고 있다. 여행 작가라고 해서 특별할 것은 없다. 맨발 투어를 하면서 거기에 대한 글을 쓰고 있다면 그것도 여행 작가의 일부가 될 수 있다. 전국을 다니면서 본 것, 들은 것, 느낀 것 등에 대한 다양한 이야기가 글로써 쏟아져 나올 수 있기 때문이다. 맨발 걷기를 통해 확장된 습관이 글쓰기라는 또 하나의 습관으로 자리 잡아 새벽을 깨우고 있다. 반복된 일상 속에서 무한한 행복을 느낀다. 작가라는 이름으로 지금도 글을 쓰고 있는 이유다.

쓰는 동안만큼은 정말 행복하다

2005년 8월 한 달은 학위 논문에 들어갈 이론적 배경 만드는데 꼬박 걸린 시간이다. 영어 원서를 한글로 번역하며 문장과 내용을 다듬는 시간이었다. 그 어떤 시간보다 소중한 순간으로 기억에 남아 있다. 다른 사람 도움 없이 스스로 그 작업을 해냈기 때문이다. 처음엔 조잡하기 그지없고 볼품없었다. 원석을 갈고닦다 보면 최고의 보석이 되듯 꾸준한 작업으로 제법 괜찮은 자료가 만들어진 듯하다. 그 이후로 꾸준하게 글 쓰는 작업에 몰입해본 적이 없기 때문에 글을 쓴다는 것이 이렇게까지 행복할 줄은 미처 몰랐다.

글쓰기에 대한 생각이 바뀌게 된 계기는 작가 스쿨 강의를 통해서였다. 이전까지 글쓰기는 특별한 재능과 능력이 필요하고, 작가라고 불리는 사람들의 전유물인 줄 알았다. 그런 생각은 글 쓰는데 가장 큰 걸림돌이었다.

걸림돌이 디딤돌이 되는데 걸리는 시간은 오래지 않았다. 첫 강의에서 글쓰기가 필요한 이유에 대해 들었기 때문이다. 글쓰기는 쓰는 사람의 내면을 송두리째 드러내어 낱낱이 밝히는 과정이라고 했다. '내면을 드러내라고?', '창피하게 어떻게 그래?' 같은 생각이 들었다.

그동안 살아왔던 내 이야기를 일주일 동안 적어서 내라는 숙제를 받았다. '어떻게 써야 하나?', '진짜 다 얘기해도 되나?'라는 생각도 들었지만 이왕 하는 거 제대로 해보자는 마음으로 글을 써내려갔다. 문장의 흐름, 문맥, 맞춤법 같은 것은 전혀 신경 쓰지 않고 그냥 쓰는 것에만 집중했다.

신기한 일이 벌어졌다. 그동안 쌓였던 마음속 그 무엇인가가 싹 씻겨 내려가는 듯 기분이 맑아졌다. 쓰면 쓸수록 오히려 마음이 가벼워졌다. 맨발 걷기에서 느꼈던 기분과는 또 다른 그 무엇이 존재했다. '글쓰기가 이런 것인가?'라는 생각이 점점 강하게 들었다. 뭔가 치유되는 느낌이었다. '아버지가 쓰러진 이야기', '초등학교 3학년 때 시작했던 신문배달', '할아버지와 함께했던 시간', '어머니가 눈물 흘리던 날', '내 스스로를 부정했던 여러 가지 이야기', '맨발 걷기 이야기' 등의 주제로 글을 썼다. 어느 순간엔 눈가가 촉촉해지곤 했다. 그만큼 치열하게 살아왔던 것이다. 지금까지 그런 이야기로 스스로를 위로한 시간이 한 번도 없었다. 그저 목표를 향해 바쁘게 살아왔을 뿐이다.

글쓰기를 통해 아프고 힘들었던 과거를 정리할 기회를 갖게 되었다. 글쓰기가 또 다른 운명이 되는 순간이었다. 일주일 동안 쓴 여러 가지 이야기를 종합한 결과 내 주제는 '맨발 걷기'가 되었다. 맨발 걷기에 관한 여러 가지 이야기를 펼쳐나갔다. 글 전체가 맨발 걷기에 대한 것은 아니다. 중간에 '삶을 결정하는 요소' 같은 이야기도 포함되어 있다. 그것도 모두 '맨발 걷기'와 연관시켜 글을 썼다.

처음 얼마동안은 글이 빠르게 써지지 않았다. 습관의 힘이라고나 할까? 계속되는 반복적 글쓰기가 어느 정도 익숙해진 후에는 다른 내용도 잘 써내려져 갔다. 몰입해서 쓰고 또 썼다.

글 쓰는 시간대는 주로 새벽이었다. 새벽 생활에 익숙한 탓인지 글쓰기에 최적화되어 있었고 많은 아이디어도 떠올랐다. 그렇게 해서 하루 일정 분량의 글을 썼다.

신기한 노릇이다. 평소 술과 사람을 좋아해 만남을 이어 왔었다. 글 쓴 이후로는 횟수가 차츰 줄어들었다. 시간적 여유가 없었다는 표현이 더 정확하겠다. 맨발 걷기로 만들어진 핵심 습관은 독서, 글쓰기로 이어졌다. 특히 글 쓰는 동안만큼은 집중하고 또 집중했다.

이러한 영향은 수면 패턴에도 엄청난 변화를 가져왔다. 평소에도 새벽에 일찍 일어나곤 했지만 글 쓰고 난 이후로는 새벽 3시 30분에서 4시 사이에 일어났고 어쩔 때는 두 시간만 자는 날도 있었다. 그만큼 글쓰기가 좋아졌고, 잠을 자면서도 무의식적으로 일어나라는 최면을 거는 듯했다.

맨발 걷기를 통해 얻은 꾸준함이 글쓰기에도 이어졌다. 놀라운 집중력과 몰입할 수 있다는 것은 그만큼 이 활동이 적성과 마음에 딱 들어맞기 때문이다.

글쓰기와 더불어 생긴 또 하나의 습관은 독서다. 평소 책에 대한 관심이 많아 사는 것을 좋아했다. 그 중 제대로 읽은 책은 손을 꼽을 정도였다. 독서 습관은 내 삶에 또 하나의 변화를 불러왔다.

《1천권 독서법》,《48분 기적의 독서법》처럼 독서하는 방법에 관한 책을 읽을 때면 꼭 3년 안에 1천 권을 읽어보리라 다짐도 해보지만 맨발 걷기, 독서, 글쓰기 세 가지를 실천하다보니 독서에만 치중하기는 정말 어려웠다. 목표를 낮추어서 꾸준히 하루에 몇 분이라도 독서를 하자고 스스로와 타협했다.

물론 주말이나 시간이 많이 생길 때에는 집중 독서를 통해 많은 분량을 읽고 싶은 마음이 간절했다. 읽어야 하는 이유는 글쓰기를 잘하기 위해서라는 생각에서다. 많이 읽어야 잘 쓸 수 있을 것 같다. 여러 가지 이야기, 이론, 생각들을 읽다보면 그 내용이 실제 내 책 쓰기에 도움되는 경우가 많았다.

한때 집 전체를 도서관으로 꾸미고 싶다는 소망을 가지고 있었다. 책에 대해 누구보다도 많았던 관심이 실천으로 이어졌다. 아무리 많이 생각하더라도 실행하지 않으면 무용지물이듯 독서 습관 또한 나에게 소중한 존재로 자리잡아가고 있는 중이다.

맨발 걷기와 읽고 쓰는 생활을 하노라면 이 세상 어떤 불만과 스트레스도 모두 날려버릴 수 있을 것 같았다. 맨발 걷기와 독서가 내면으로 받아들이는 과정이라면 글쓰기는 밖으로 표출해내는 것이다. 받아들이기만 하고 내뿜지 않으면 문제가 생길 수 있다. '주고받듯이' 맨발 걷기와 독서가 내 안으로 들어왔으면 표출도 해야 한다. 그러한 의미에서 글쓰기는 매우 소중한 '행복도구'다.

'예전에 글을 썼을 때는 왜 이러한 마음을 가지지 못했을까?'라는 생각이 들었다. 그때는 글을 썼다기보다는 지었다고 할 정도로 글쓰기 교육을 제대로 받지 못했다. 글을 쓸 때는 표현을 예쁘고 아름답게 해야 된다는 강박관념 같은 것이 존재했던 것 같다. 독서 감상문은 꼭 대회를 개최하여 상장을 주었기 때문에 편안한 내면 표출의 글이 나올 수가 없었다.

학교에서도 글쓰기를 편안한 내면 분출의 기회로 삼아야 할 필요성이 느껴진다. 그러한 과정 속에서 아이들의 인성은 저절로 자랄 것이다. 일기 쓰기도 마찬가지다. 문장비평으로 시작해서 잘못된 부분에 밑줄 그어 맞춤법, 띄어쓰기 등의 지도를 한다면 진정한 글쓰기 교육은 제대로 이뤄지지 못할 것이다.

그에 반해 학생들에게 자유자재로 글을 쓰게 하다보면 글쓰기 능력이 좋아지게 될 것이고 훨씬 더 좋은 글쓰기 학습을 이룰 수 있을 것이다.

'모든 사람들이 잠든 새벽 시간에 왜 글을 쓰고 있을까?'라고 묻는다면 글쓰기를 하는 순간만큼 만족스럽고 행복한 적이 없기 때문이라고 답한다. 그만큼 글쓰기는 나에게 엄청난 마력이다. 글 쓰는 이 순간 몸과 마음이 산책을 한다. 여유와 행복이 친구되어 함께한다. 글 쓰지 않는 사람들에게 감히 말하고 싶다. '글쓰기! 진정한 행복의 지름길'이라고.

또 한번 '나'라는 존재를 만나다

작가 스쿨에서는 많은 감동적인 순간을 만났다. 그동안 맨발 걷기를 수행하며 나와의 솔직한 대화가 이어져 왔다. 2% 부족함을 느끼고 있던 순간이었다. 이것을 채워줄 돌파구가 필요했다. 그럴 즈음 운명처럼 다가온 글쓰기 세계는 또 한번 나를 만나는 소중한 기회였다. 이전까지 글쓰기의 힘에 대해 알지 못했다. 글쓰기에 대한 새로운 이야기를 만났다. 글쓰기에 대한 구체적 이야기는 다음과 같다.

"글쓰기는 자기 자신의 내면을 드러내는 작업입니다."

"글 잘 쓰는 방법은 꾸준히 쓰는 것 외에는 없습니다."

"글을 쓸 때는 오늘 쓸 것에 대한 생각만 하십시오."

"글 잘 쓰는 방법, 문법 등을 고민하지 마시고 오직 쓰십시오."

위와 같은 내용을 들으며 강의의 매력 속으로 블랙홀처럼 빨려 들어갔다. 강의가 왜 그렇게 멋있고 존경스럽던지 할 말을 잃은 채 완전 넋이 나갔다.

'그래, 바로 이거야. 오늘부터 본격적으로 글을 쓰는 거야.', '꾸준한 거 하나는 자신 있잖아. 맨발 걷기 하듯 글 쓰면 되겠네.'

이런 생각들이 스쳐지나가며 말 못할 흥분 상태로 정신을 차릴 수 없었다. 글쓰기가 운명처럼 다가오는 순간의 감동은 말로 다 표현할 수 없는 그 무엇이었다. 맨발 걷기를 통해 힘들고 괴로운 시간에 대한 평정심을 찾았고 글쓰기를 추가하면서 제법 살 만한 세상을 만나기 시작했다.

맨발 걷기와 글쓰기 일명 '맨·글'이 시작되는 순간이었다. '나에게도 행복이 찾아 오려나보다.', '인생 참 살 만하네. 진짜 제대로 한번 만나보자'라는 생각이 연이어 생기며 마음이 차분해졌다. 어쩌면 이런 인생을 살도록 하늘이 사전에 설계해놓았는지도 모르겠다는 생각이 떠오르며 운명의 신기함에 씽긋 웃음지었다.

작가의 한마디 한마디가 폐부를 찔렀고 밀려드는 공감과 감사가 잠시도 나를 가만두지 않았다. '강의 들으며 시간 부족을 경험한 적이 있었나?'라는 생각으로 손가락을 꼽아보았다. 손가락이 접히지 않았다. 그만큼 강의의 힘과 호소력은 최강이었다.

잠시도 눈과 귀를 다른 곳으로 돌릴 수 없었다. 손가락도 마찬가지였다. 내가 가진 시각, 청각, 촉각, 후각, 미각의 오감을 총 동원해 강의에 몰입했다. '아! 몰입이라는 것이 이런 거구나'라는 생각이 불쑥 들었다. 그 순간 강의를 소개해준 형님의 얼굴이 떠올랐다. '정말 감사합니다'라는 말이 나도 모르게 튀어 나왔다. '인생 잘 살았네'라는 만족감도 동시에 일어났다.

살아오면서 나를 지켜주는 몇몇 분이 늘 있었고 그들 덕분에 지금 내 모습이 있다고 생각하니 '감사'라는 단어가 계속 입가에 맴돌았다. 몇 번을 반복해도 모자랄 순간이었다.

그날 이후 더 힘차게 써내려갔다. 지금 집으로 이사오면서 내 서재가 사라졌다. 궁여지책으로 마련한 곳은 안방의 화장대였다. 좁은 곳이었지만 훌륭한 공간이었다. 장소 따위는 중요하지 않았다. 쓰려는 마음, 시간, 자판 두드릴 손가락 힘만 필요했다. 글쓰기가 넓은 공간, 제대로 된 장소가 있다고 잘되는 것은 아니다. 어렵고 힘든 삶 속에서도 극복하기 위한 노력만 있으면 된다는 지론에 따라 새로운 공간 구성을 시도했다.

마침 갈 곳을 잃어 방황하는 불쌍한 책상이 눈에 들어왔다. 작업 공간으로 낑낑대며 옮기는 모습에서 삶의 희열을 느꼈다. '작은 일 하나에도 행복을 얻을 수 있구나' 하는 감동의 순간이다. 간이용 책상 하나 갖다 놓았을 뿐인데 벌써부터 책 읽고 글 쓰고 싶은 충동이 강하게 밀려왔다. 중·고등학교 시절 여름, 겨울 일 년에 두 번 방의 책상 위치를 바꿔가며 공부했던 시절이 떠올라 입꼬리가 올라갔다. 이런 말도 기억이 난다.

"글쓰기 시작하시는 분들 보면 노트북 사시는데 절대 그러지 마십시오. 그냥 집에 있는 컴퓨터에 긁적이시듯 쓰시면 됩니다."

'그 말을 따라야 하나?, 그냥 노트북 한 대 질러야 하나?'라는 갈등과 싸웠지만 내면의 목소리에 집중했다. 결국 가볍게 대리점으로 향하는 발걸음을 따라갔다. 사전에 아내 동의 아래 구입하기로 마음

먹고 있던 참이어서 마음 가는대로 따랐다.

대리점에 도착하니 여러 종류의 제품이 눈길을 사로잡았다. '싼 거 하나 사면 돼'라는 생각을 가지고 있었지만 견물생심이었다. 눈이 벌써 고가의 그것에 딱 꽂혔다. 한 번 마음을 먹으면 쉽사리 바꾸지 못하는 성격이 늘 문제였다. 그거 아니면 안 된다는 생각이 나를 사로잡았다.

가벼운 무게, 은색 계열의 시원한 느낌, 앙증맞은 크기가 물건 구매를 위한 합리화 도구로 되었다. 일정 금액 이상 구입하면 상당한 할인이 보장된다는 말에 결국 그 제품을 구입했다. 물건을 가지고 돌아오는 내내 콩닥거리는 흥분된 마음이 함께했다.

구입하기를 잘했다는 생각이 들었다. 처음 사본 노트북이었지만 그와의 만남은 축복 그 자체였다. 처음 글을 쓰려고 자판을 두들겼을 땐 낯선 접촉 때문이었는지 글이 제대로 써지지 않았다. 데스크탑에 익숙해진 손가락이 말썽이었다. 어색함도 잠시 이내 난 그와 친구가 되었다. 그것도 몇 십 년 사귄 것만큼 친숙한 동지가 되었다. 그와 만나는 모든 장소는 아지트가 되었다. 집, 커피숍, 차 안 등 어느 곳에서도 늘 편안하게 대화를 주고받을 수 있었다.

가끔 '이 친구를 안 만났으면 어떡할 뻔 했어' 생각만 해도 아찔했다. 그만큼 활용성이 높았다. 가벼움이 가장 큰 장점이었고 작은 크기는 휴대가 간편해 어느 곳에서든지 마음껏 쓸 수 있었다. 참 고마운 존재다.

그동안 있었던 내 모든 이야기를 뱉어내듯 쓰라고 했다. 처음엔

'뭐를 쓰라는 거지?, 어떻게 써야 하지?, 다 뱉으라고? 그게 가능할까?'라는 별의별 생각이 다 들었다.

"글쓰기를 함에 있어서 가장 큰 문제가 무엇인지 아십니까?"

"글쓰기의 문제점은 잘 쓰고 못 쓰는 것이 아니라 쓰지 않는다는 것입니다. 책상에 앉아 있지 못하는 것이 가장 큰 문제입니다."

이 말을 듣는 순간 묘한 자신감이 들었다. 창의적이고 기발한 아이디어는 없지만 꾸준히 하는 습관 하나 만큼은 자신 있었기 때문이었다.

그와 동시에 모든 것이 용서되고 이해되며 마음이 차분해지고 있었다. 신기하다 못해 신비로워지는 순간이었다. 맨발 걷기를 통해서 스스로에 대해 인정하고 좋아하는 마음이 생겼다. 완전한 그 무엇이 되기에는 부족하다고 느꼈던 감정들이 글쓰기를 통해서 완벽하게 해소되는 느낌이었다. '나'에 대한 이해와 그동안 쌓아왔던 불평, 불만의 원천을 찾고 해결하는 과정을 겪었다. 감동의 물결이 일렁거렸다.

특별한 행복의 순간이 있었다기보다는 여러 가지 부정적 사고가 글쓰기를 통해 사라졌다. 그 자리엔 긍정요소가 자리를 잡기 시작했다. 그만큼 글쓰기는 또 다른 '나'를 만나는데 결정적 기여를 했다. '이게 바로 글쓰기의 힘이구나'라는 느낌을 받았다.

"습관이 바뀌면 인격, 운명까지 바뀐다"고 했던 그 말이 정말이라고 여겨지는 순간이었다. 맞다. 글쓰기는 맨발 걷기와 함께 나에게 또 다른 운명이었다. 운명이라고 해서 거창한 그 무엇이 아니라 그 일을 할 수밖에 없는 힘이다.

맨발 걷기에서 만났던 '나'를 글쓰기를 통해 또 한번 만나게 되었다. '나는 누구인가? 왜 태어났고, 왜 살고 있지?'라는 다소 철학적 물음에 대한 해답을 서서히 찾아가고 있었다. 정답은 없겠지만 적어도 앞으로 내가 어떻게 살아야 할지에 대한 답은 확실하게 나온 것 같다.

새벽 맨발 걷기가 가져온 변화의 습관이 글쓰기를 통해 한층 강화되었다. 이제는 맨발 걷기와 글쓰기가 하나 되어 엄청난 시너지 효과를 가져오게 될 것이라는 확신이 들었다.

'그래, 맨발 걷기와 글쓰기를 함께해보는 거야'라는 결론과 함께 새벽이 더욱 분주해지기 시작했다. 자식도 하나일 때보다 둘일 때 더 바쁘듯 새벽 시간은 맨발 걷기와 더불어 글쓰기라는 또 하나의 시작으로 정신없었다.

일어나는 시간이 점점 빨라지게 되었다. '새벽을 깨우리로다'라는 마음이 더욱 확고해졌고 기상 시간도 새벽 4시 혹은 3시 30분으로 저절로 변했다. 마음이 움직이니 몸도 따라갔다.

이제 '나'와 만남의 시간이 글쓰기, 맨발 걷기의 두 번으로 이어진다. 그만큼 '나'에 대해서 확실하게 아는 기회를 잡았다. 글쓰기는 또 다른 '나'를 만나는데 훌륭한 도구다. 맨발 걷기가 끊임없는 자신과의 대화 시간이라면 글쓰기도 마찬가지다. 마음속에 들어있는 여러 가지 이야기들을 끄집어내 낱낱이 적음으로써 엄청난 카타르시스를 만난다. 그렇게 나는 글쓰기와 친구가 되었다.

쓰고 또 쓴다

나의 첫 글쓰기는 초등학교 시절 그림일기가 아닐까 한다. 그림일기는 공책의 넓은 부분에 그림을 그리고 아랫부분에 몇 줄 글을 적는 형태다. 어릴 때부터 유독 그림 그리기를 힘들어했다. 도대체 어떻게 그릴지 막막했다. 그림일기를 분업했다. 그림은 어머니가, 글은 내가 썼다. 그림일기는 가내수공업이 되었다.

어린 눈으로 본 어머니 그림은 어느 화가보다도 더 훌륭하고 멋졌다. 그만큼 난 그리기에 소질이 없었다. 그림 잘 그리는 사람이 부럽고 대단해 보였다.

글 쓰는 것은 크게 힘들지 않았다. 그 이후로도 어려워하거나 싫어하지 않은 것으로 보아 어쩌면 태어날 때부터 글 쓰는 것을 좋아했는지도 모르겠다.

최근 '진로 지도'가 많은 관심을 받고 있다. 학생 개개인의 적성, 꿈, 끼를 찾아 그에 맞는 직업을 찾아주려는 시도가 매우 바람직하게 보인다.

내가 다니던 고등학교 시절은 2학년이 되면 문·이과로 나뉜다. 중학교 때부터 수학을 곧잘 했다고 여겼던 나는 고민할 것도 없이 이과를 선택했다. 고등학교 1학년 영어 과목에 대한 자신감 부족은 수학 공부를 1년 정도 등한시하는 결과를 낳았다. 대신 그 자리엔 영어 공부가 늘 함께했다. 덕분에 이후 만난 영어 시험에서는 매우 유리했고 결과도 대만족이었다. 문제는 수학이었다. 1년 정도 손 놓은 결과를 톡톡히 받았다. 고등학교 2학년 때부터 시작된 모의고사에서 고전을 면치 못했다. 수학에 대한 자신감이 수포자로 바뀌는 결과가 되었다.

'내가 수학을 잘하기는 하는 걸까? 왜 이과에 왔지?'라는 질문은 그때부터 쭉 이어져왔다. 교사가 학생의 적성, 능력을 정확히 파악하기란 어려움이 많다. 한두 명의 학생도 아닌데 어떻게 정확하게 파악한단 말인가? 충분히 이해되는 부분이다.

아쉬운 점도 많다. 시대적으로 덜 발달된 진단 시스템으로 원인을 돌리고 싶다. 아무튼 난 이유 없이 이과라는 곳으로 갔다. 이과에서 가장 중요한 과목은 '수학'이다. 그 중요한 과목을 자신 있게 풀어도 시원찮을 판에 헤매고 있었으니 얼마나 한심한 광경인가?

그래도 어떻게 해서 지금 이 순간까지 와 있다. 만약 그때 문과로 갔었더라면 어떻게 되었을까? 뭐 크게 달라질 것은 없었다고 생각할 수도 있다. 한편으로는 글쓰기에 대한 집중으로 진로가 달라지지 않았을까? 하는 상상도 해본다. 크게 후회는 없다. 지금 글을 쓰고 있으니까. 지금이라도 내 적성, 능력을 찾았으니 그것으로 다행이다. 영영 모르고 지나갔으면 어땠을까?

언제부터인지는 모르겠지만 수첩 같은 곳에 지나가는 일들에 대해 적는 습관이 생겼다. 그 이야기는 주로 부정적 이미지로 가득했던 것 같다. 어린 시절에 대한 불평, 불만 등의 좋지 않은 이미지의 글이 계속해서 이어졌다. 글쓰기에 대해 특별히 알지 못했고 알 수도 없었던 시절의 긁적거림이 아닐까 한다. 그래도 뭔가를 자꾸 적는다는 습관은 글쓰기에 대해 기본적으로 호감을 가지고 있다는 반증이다.

맨발 걷기를 시작하면서 그에 대한 생각, 느낌을 글로 나타내는 일이 매일 이어졌다. 그 글을 읽고 위로 받았다는 사람, 감동적이라는 의견이 있었다. 어떤 분들은 직접 언급은 하지 않았지만 늘 잘 보고 있다는 말도 들었다.

'글쓰기가 제법 재미있고 괜찮네'라는 생각이 계속 들었다. 그 이후 작가 스쿨을 만나면서부터 글쓰기 습관이 만들어졌다. 매일 일정 분량의 글을 쓴다는 것은 습관의 힘이다. 맨발 걷기로부터 습관 익히기 방법을 터득하였기에 큰 문제는 없었다. 하고자 하는 의지만이 필요했다. 마음먹고 난 후 매일 하면 되었다.

습관 만들기를 위해서는 동기유발이 중요하다. 강의에서의 감동은 동기유발의 추진력이 되었다. 첫 물음 '글을 왜 써야 하는가?'는 지금도 잊혀지지 않는다. 그 말 때문에 지금까지 글을 쓰고 있는 게 아닌가 한다. '글을 왜 쓰다니?', '그냥 쓰는 거지.', '책 내고 싶은 사람도 있고, 그냥 쓰고 싶은 사람도 있고 그런 거 아냐?' 그러고 보니 내가 왜 책을 쓰고 싶은지에 대해 한 번도 생각해보지 않았다. 참 아이러니하다. 글을 쓴다는 사람이 왜 써야 하는지에 대해 제대로 고민 한 번 해보지 않았다니? 얼마나 웃기는 얘기인가.

그러면서 이어진 이야기들은 또 하나의 감동이었다. 글쓰기를 하면서 자신의 모든 내면을 솔직하게 내뱉으라는 말이다. 과연 글쓰기가 그러한 역할을 해줄 수 있을까, 반신반의하면서 글쓰기 항해가 시작되었다. 잘 쓰고 못 쓰고는 없었다. 그냥 매일 계획된 분량을 썼다. 그게 다였다.

처음 쓴 책 원고 마무리가 2018년 7월 13일이니 정확히 두 달만에 초고를 완성했다. 첫 번째 책쓰기를 마무리하고 다음 기수 강의를 들었다. 아직 첫 책 초고가 완성되기 전이었으니 무리가 따를 수 있었다. 그러나 이것저것 잴 시간이 없었다. 그만큼 글쓰기는 나에게 강하게 각인되었고 써야 한다는 의무감 같은 것이 물밀듯이 밀려왔다. '시절인연'이 있다면 이런 것이 아닌가 생각될 정도로 손가락에 힘이 들어갔다.

쓴다는 게 크게 부담되지 않았다. 논리적이고 심층적인 이론서가 아니라 그냥 살아온 평범한 일상의 이야기를 적었기에 큰 부담 없이 써내려갔다.

다음과 같이 새벽 글쓰기가 이어져 갔다. 전날 밤 10시에서 10시 30분 늦으면 11시 전에는 꼭 취침에 들어간다. 다음날 새벽 3시 30

분에서 4시 사이에 눈이 떠진다. 물론 피곤한 날에는 조금 늦게 눈이 떠진다. 알람이 깨워주는 것도 아닌데 눈이 떠지는 걸 보면 습관의 힘이 참 무섭구나 하는 생각이 든다.

찬물, 뜨거운 물을 섞어 미지근한 물을 만든다. 예전에는 찬물을 주로 마셨지만 너무 차거나 뜨거운 물은 좋지 않다고 하여 만들어낸 방법이다. 물을 마시고 나면 몸이 개운해짐을 느낀다. 장 청소에는 생수가 최고라고 하여 어릴 때부터 마셨던 습관이 있어서 그런 것 같다.

물을 마시고 나면 글쓰기를 시작한다. 이후 책을 펴고 독서를 한다. 독서는 전날에 읽고 있던 책의 다음 부분을 주로 읽는다. 새벽에 글을 쓰는 이유는 머리가 맑아지고 잘 떠오르지 않던 이야기가 새벽녘에는 잘 생각나는 등의 다양한 이유에서다. 글을 다 쓰면 정리 후 슬리퍼를 신고 맨발 걷기 하러 나간다. 이 삼합의 조화가 한 번 이뤄지니 그러한 일상이 꾸준하게 습관화되었다.

가끔 술을 마신다든지, 회식 하고 난 다음날에는 패턴이 무너지는 경향이 있다. 술을 가급적 마시지 않으려고 노력하는 이유다. 이러한 모습이 가족에게까지 전이되어 모두들 반긴다. '가화만사성'이라는 말이 필요한 이유다.

매일 글을 쓰는 것이 작가이기에 정해진 분량을 쓰도록 노력한다. 그렇게 하고 난 후 마음의 부담감을 들 수 있었다. 날짜에 따라서 못 쓸 수도 있고 더 많이 쓸 수도 있겠지만 습관은 제 날짜에 뒤처지는 모습을 그냥 놔두지 않는다.

글을 쓰고 있는 그 순간만큼은 행복하다. 어릴 때부터 숙제는 무조건해야 한다는 '착한 아이 콤플렉스'가 있는지 모르겠지만 하루도 빠짐없이 글 쓰고 있는 내 모습에 스스로 감동받는다.

꾸준한 맨발 걷기에 의해 받은 감동이 글쓰기로 전이되었다. 결국 맨발 걷기가 중요한 습관이다. 그래서 난 맨발 걷기를 '핵심습관'이라고 부른다. 핵심습관이 제대로 형성되어 있으면 그 습관으로 인해 다른 습관들이 만들어지는 습관 도미노 현상이 생긴다. 선순환이 일어난다. 맨발 걷기가 중요한 이유다. 자신에 대한 감동, 꾸준함 등이 모두 맨발 걷기를 통해 얻은 결과다.

맨발 걷기, 독서, 글쓰기 중 맨발 걷기가 처음에 있는 이유다. 물론 앞에 있다고 해서 가장 중요하다는 의미는 아니다. 세 가지 모두 내게 있어서 어려움 극복의 결정적 역할을 했기에 순위는 매기지 않는다.

앞으로 맨발 걷기와 글쓰기가 쭉 이어져 나의 삶에 엄청난 변화를 줄 것이다. "고인 물은 썩게 되고 변화 없는 인생은 곧 퇴보다." 인생의 전환기에 맨발 걷기, 글쓰기를 만나 삶이 풍요로워졌다. 이렇게 좋은 것을 혼자 하기에는 너무나 소중하다. 많은 분들이 동참해서 삶의 변화를 얻으면 좋겠다. 그래서 난 오늘도 맨발 걷기, 글쓰기를 직접하며 그 놀라운 감동에 대해 적고 있다. 맨발 걷기, 글쓰기는 피할 수 없는 운명이다.

독서로 삼키고 글쓰기로 내뱉는다

"독서는 마음의 양식", "책 속에 길이 있다." 같은 말들은 독서가 우리 몸에 얼마나 좋은 보약인지 잘 보여준다. 독서와 관련한 여러 가지 책 제목은 독서의 장점과 독서를 통해 나타나는 여러 가지 변화를 다양하게 보여준다.

'독서'라는 말만 들어도 잠이 온다는 사람이 있다. 재미없는 것으로 여기는 사람도 있다. 독서보다 훨씬 재미있고 즐거움을 줄 수 있는 것이 많기 때문이다. 우리나라 성인 한 달 평균 독서량이 한 권채 되지 않는 이유다. 스마트폰 보급, 인터넷 및 미디어 발달은 책을 멀리하는 습관을 더욱 가속화시키고 있다.

성공 인생으로 각인되어 있는 빌 게이츠, 워런 버핏, 손정의 같은 인물의 공통점은 독서광이다. 특히 빌 게이츠는 성공의 비결로 하버드 졸업장보다 마을 도서관을 말하고 있다. 독서의 힘이 얼마나 대단한지 잘 보여준다. 세상과 소리를 끊고 독서 여행을 떠나는 것도 사색, 책 속 인물과의 대화면에서 좋은 방법인 것 같다. 역시 성공한 사람들은 일반인들과는 다른 삶을 산다. 한마디로 '대단하고 멋지다.'

독서를 삶의 친구로 만들고 싶은 꿈이 있었다. 바쁘다는 핑계, 술친구와의 약속, 집중하지 못하는 삶은 독서를 멀리하게끔 만들었다. 독서에서 가장 흔한 변명은 '독서할 시간 없음'이다. 삶의 우선순위에 따라 이 말은 얼마든지 틀릴 수 있다. 독서를 해본 사람은 안다. 그것의 장점과 가치를.

맨발 걷기를 통해 얻게 되는 신체적·정신적 건강은 독서, 글쓰기를 할 수 있는 밑바탕이 된다. 끊임없이 생각하고 되물으며 정답은 없지만 해답을 찾아가는 과정이 내겐 딱 맞다.

독서는 맨발 걷기를 통한 호기심과 궁금증에 대해 답을 찾아가는 과정이다. 다독, 정독, 속독 등 여러 방법을 두루 사용한다. 책의 종류도 자기계발서, 위인전, 에세이 등 닥치는 대로 읽는다. 요즘엔 주로 자기 계발서, 글쓰기 방법 같은 책에 집중한다. 한 작가를 정한 후 그가 집필한 책을 연속적으로 읽는 방법을 많이 따른다. 어떤 책을 읽고 난 후 그가 지은 다른 책을 도미노 게임처럼 계속 읽는다. 이러한 방법은 흥미가 유발되어 좋다.

다른 방법은 주제 중심 독서법이다. 예를 들어 '글쓰기'라는 주제어를 선정하면 그와 관련된 Key Word를 인터넷 서점에 치고 여러 가지 책 중 가장 읽고 싶은 책을 선택해서 읽는다. 그런 일련의 과정에서 다양한 관점 섭렵이 가능하다. 하나의 책에 제시된 참고문헌을 찾아 그 책을 읽고 또 다른 책에서 제시되는 것을 찾아 읽는 방법은 편식하지 않고 골고루 책의 영양분을 섭취할 수 있는 장점이 있다. 하나의 책이 가지는 힘이다.

읽는 양도 특별하게 정해진 것은 없다. 하루 24시간은 생각보다 길지 않다. 출근해서 업무에 집중하다보면 하루가 후딱 지나간다. 이러한 시간 속에 특정 시간을 정해 놓고 책을 읽는 것도 중요하겠지만 그날그날 짬짬이 시간 날 때마다 책을 읽곤 한다. 자투리 시간을 잘 활용하는 것이다. 독서에 대한 기본 습관 형성이 중요하다고 생각하기 때문에 그것을 만들기 위해 노력해왔다. 이제 어느 정도 자리를 잡았기에 일정 시간을 독서로 확보해야 할 필요성을 느낀다. 시간으로 정하기보다는 쪽수로 정하는 것이 많은 책과의 만남을 쉽게 할 수 있는 방법인 것 같다. 다독이 정답이 아니라고 하는 사람도 있지만 다양한 책을 많이 만나보는 것이 필요하다고 늘 느낀다. 그만큼 세상엔 좋은 책이 천지다. 도서관이나 서점에 가면 잡은 책으로 손이 점점 무거워진다. 책 욕심은 끝이 없다.

독서가 바탕이 되어야 글쓰기도 더 잘 되는 것 같다. 글쓰기가 우선이냐, 독서가 우선이냐의 논쟁은 불필요하다. 두 가지는 서로 상호보완적 관계가 될 때 빛을 발하기 때문이다.

언젠가 기회가 되면 '독서 여행'을 떠나고 싶다. 가방 한 가득 책을 싣고 실컷 책 읽고 사색하며 맨발 걷기를 하고 글 쓰는 시간을 가지고 싶다.

처음 글쓰기 할 때에는 마음속에서 우러나는 여러 가지 생각을 그대로 적었다. 힘들었던 삶, 즐거웠던 추억, 어려웠던 일들을 자유자재로 적었다. 가슴 속 답답한 감정들이 겉으로 내뱉어지면서 마치 오래 곪았던 상처가 터지는 듯 시원함을 얻었다. 여러 가지 이야기를 적으면서 과연 이렇게 하는 것이 제대로 된 글쓰기인지 의구심이 많았다. 내가 쓰고 있는 글이 뭔가 어색하고 정선되지 않았으며 특별한 지식을 바탕으로 한 것이 아니라고 생각했다.

초등학교 시절 '글짓기'라는 명목으로 여러 가지 대회에 참가했던 기억이 난다. 물론 교내대회. 운동회, 소풍을 비롯하여 현충일, 어린이날에 이르기까지 주제도 다양했다. 그때도 지금과 마찬가지로 글을 멋지고 화려하게 써야 한다는 생각은 변함없었다. 글쓰기가 아닌 글짓기가 된 이유다. 그만큼 우리들의 교육 속에는 글에 대한 잘못된 생각이 많이 깔려 있다. 내면세계를 스스로에게 솔직하게 고백하기 보다는 남의 눈에 이 글이 어떻게 비춰질지를 먼저 생각하고 글을 지었다.

돌이켜보면 내 글쓰기도 이와 같았다. 참으로 아쉬운 대목이 아닐 수 없다. 그때 글쓰기를 제대로 배웠다면 엄청난 내공이 쌓였을 것이다. 한편으로는 지금이라도 글쓰기에 대한 인식을 제대로 할 수 있음에 감사함을 가진다. 운명이 있다면 아마도 나를 글쓰기 세상으로 이끌기 위해 많은 시련과 고통을 준 것 같다.

글을 쓰기 시작하면서 독서의 필요성을 강하게 느꼈다. 글은 자신을 드러내는 것이기에 '나'라는 존재가 주가 된다. 내가 쓴 글은 어차피 남이 읽어야 하기에 독자를 고려하지 않을 수 없다. 독자로서 글을 자주 읽어야 어떤 글이 필요한지 알게 된다. 독자의 눈과 입장이 되어야 내 글도 어떻게 전개해나갈지 생각할 수 있다. 글을 양적으로 많이 쓰는 것도 중요하겠지만 독자가 읽기에 좀 더 수월하고 재미있는 글을 고민하지 않을 수 없다.

이러한 문제를 해결하기 위해 다른 사람의 글을 읽기 시작했다. 물론 글을 잘 쓰기 위한 하나의 목적만으로 독서를 시작한 것은 아니다. 책을 읽다보면 그것에 몰입되어 빨려들어가기 시작한다. 지금까지 어느 곳에서도 느껴보지 못한 공감, 진지함, 흥분, 만족감이 물밀듯이 밀려든다. 이제야 '독서를 왜 해야 하는지'가 피부 깊숙이 전해져온다. 그야말로 세상을 다 가진 듯 행복해진다.

지식적으로 갖게 되는 충만함은 아주 단편적 이야기고 말로 표현할 수 없는 엄청난 행복감, 편안함과 함께 몰입으로의 여행이 시작된다. 앞으로 더 집중적으로 읽어야 함을 뇌 깊은 곳에 각인하게 되었다. "책을 1천 권 정도 읽으면 세상이 달라 보인다"는 말이 진실이라는 확신이 든다.

법정 스님의 《무소유》를 읽으면서 감동과 환희의 순간을 맞이했다. '왜 그 분이 살아계실 때 한 번 뵙지 못했을까?' 하는 아쉬움과 후회가 들 정도로 빠져들었다. '과연 이런 삶이 존재할 수 있을까? 현실적으로 가능할까? 무소유란 무엇일까? 어쩌면 이렇게 절제된 언어로 하고 싶은 말을 군더더기 없이 잘 표현했을까?' 같은 여러 가지 생각들이 머릿속을 어지럽게 만들었다. 독서만 하고 끝낸다면 무의미하다. 독서를 통해 만난 삶을 실천하고자 하는 모습이 필요하다고 생각했다. 그 지론에 따라 '무소유' 삶을 살아보고자 다짐하는 순간 마음이 평온해졌다.

마틴 셀리그먼의 《긍정심리학》을 읽으며 나의 부족한 부분을 더 좋은 모습으로 바꾸려는 노력이 꼭 필요한 것은 아니라는 결론에 이르렀다. 신선한 충격이었다. 새로운 변화보다는 기존의 것을 답습하는데 익숙했던 내 삶에 새로운 시각을 갖게 했다. 자신의 강점과 미덕에 더욱 집중해서 그것을 강화시키다보면 약점이 보이지 않게 될 수 있다는 생각이 참신했다.

《The secret의 비밀》을 읽으면서 잠재의식의 힘을 알았다. '꿈꾸면 이루어진다'는 생각은 긍정심리학과 궤를 같이 한다. 책을 통해 만나는 무궁무진한 이야기로 평생 독서를 해도 후회하지 않을 것 같았다. 독서만 제대로 한다면 내면과 책 사이에 보이지 않는 인간관계의 끈이 만들어질 것 같다. 평생을 자신 있게 살아갈 수 있는 힘을 얻게 될 것이라는 확신도 든다.

독서를 통해 얻은 힘은 글쓰기로 한층 더 승화시켰다. 흔히 글 쓰는 사람은 독서를 하지 않아도 된다고 생각할 수 있다. 독서가 남의 이야기를 내면으로 삼키고 빨아들이는 과정이라면 글쓰기는 자신의 마음을 밖으로 내뱉는 작업이다. 언뜻 보기에 극과 극의 조합이라고 볼 수도 있지만 극과 극이 통하듯 독서로 삼키고 글쓰기로 내뱉는 순간은 'input', 'output' 과정이며 매우 밀접한 관계가 있다.

독서하지 않는 글쓰기와 독서를 하고 난 후의 글쓰기는 질적으로 차이가 난다. 읽는 과정에서 내면과의 끊임없는 대화가 이뤄지고 그 과정 속에서 느꼈던 여러 가지 감정들을 글로써 내뱉는 과정은 숨쉬기처럼 자연스럽다. 숨을 들이쉬지 않고서는 내쉴 수 없듯이 독서로 다양한 생각들을 삼키고 글쓰기로 내뱉는 과정은 단순하다. 진리는 단순하기에 꼭 필요하다.

독서와 글쓰기 과정을 통한 상호보완으로 삶이 더 풍요로워지고 행복해진다. 맨발 걷기가 더해진 '맨·독·글' 과정은 더 말할 나위 없이 좋다. 꾸준한 습관으로 한층 더 풍족한 삶이 나에게 다가왔다. 방황했던 삶에 종지부를 찍어가고 있다.

글쓰기는 또 다른 운명이다

맨발 걷기는 핵심습관이다. 핵심습관은 또 다른 좋은 습관을 끌어오는 역할을 한다. 끌어당김의 법칙에 따라 맨발 걷기를 통해 글쓰기가 다가온 것이다. 맨발 걷기는 여러 사람을 만나게 해주었다. 그 중에서도 나를 글쓰기 세계로 빠져들 수 있도록 작가 스쿨의 입문 기회를 준 형님과의 만남은 운명이다. 그 운명이 소중한 이유는 작가 스쿨에 들어가 글을 쓰기 시작한 이후로 지금까지 하루도 빠짐없이 글을 쓰고 있기 때문이다. 매일 글을 쓰고 있는 모습에서 또 하나의 습관이 만들어졌음을 알 수 있다.

맨발 걷기, 독서, 글쓰기 삼합은 매일 삶을 풍요롭게 만들어주는 요소가 되었다. '운명은 스스로 개척하는 것일까?', '우연히 다가올까?'라고 물으면 둘 다다. 시절인연의 관점에서 보면 만날 인연은 언젠가는 만나게 되어 있다. 살아오면서 겪은 일들을 돌아보면 이해된다.

만날 인연은 언젠가는 만나고 헤어질 인연 또한 운명의 힘에 의해 이별하게 되어 있다. 물론 운명만 믿고 의지하는 것은 어리석은 일이다. 어떤 인연을 만났을 때 그것이 운명이라고 생각된다면 끊임없는 노력과 실행으로 붙잡아야 할 것이다.

나 또한 글쓰기라는 운명을 만났을 때 꾸준한 실천으로 내 옆에 꼭 붙들어 놓았다. 글쓰기 작업이 가슴 벅찬 감동과 희열을 안겨주기 때문에 그렇게 할 수밖에 없었다. 그 좋아하던 술과 서서히 작별을 하려는 이유가 된다. 시작부터 그랬던 건 아니다. 타의에 의해 출발했지만 꾸준한 습관의 힘으로 지속적으로 유지했기에 가능한 일이다.

맨발 걷기는 무릎 부상으로 인한 것이었고 글쓰기 또한 누군가의 소개였다. 둘 다 우연한 기회에 찾아왔지만 시작하고 꾸준히 유지한 것은 내 몫이었다. 맨발 걷기에서의 생각들을 그저 긁적이듯이 메모장에 기록해온 습관이 글쓰기 출발이었다. 글을 쓰기 시작한 이유는 맨발 걷기 중 활발하게 떠오르는 생각을 그냥 둘 수 없었기 때문이다.

그때는 왜 그렇게 쓰고 싶은 이야기들이 많이 생겼었는지 모르겠다. 맨발 걷기의 효과 말고는 달리 설명할 방법이 없다. 그렇게 떠오르는 이야기를 하나, 둘 쓰기 시작한 것이 지금까지 이어지고 있으니 제법 많은 시간을 해왔다. 그러다 책을 내기 위해 본격적으로 글을 쓰기 시작한 것이 작가 스쿨에 처음 입문하면서부터다.

지금은 '집에서 쓰기'와 '맨발 걷기 중 글쓰기' 두 가지를 병행하고 있다. 본격적으로 글을 쓰면서 매일 일정 분량을 쓰고 또 쓴다. 새벽 시간에 글을 쓴다는 것은 신이 내린 축복이다. 아무 소음도 없는 무아지경이다. 나와 만날 수 있는 가장 소중한 시간이다. 꾸준하게 이어질 수밖에 없다. 우선 새벽 4시쯤 일어나서 글쓰기를 하고 책을 읽는다. 최근에는 필사도 겸하고 있다. 명문장을 손으로 쓴다는 것은 쉽지 않은 일이다. 뭐든 처음이 힘들다. 고난은 습관의 힘으로 얼마든 극복 가능하다. 쓰기 싫다는 마음은 악필에서 비롯되었다. 어릴 때도 그랬지만 필체가 좋지 않다는 생각은 펜으로 쓰는 것을 극도로 꺼리게 했다.

컴퓨터 자판으로 쓰는 것도 좋지만 직접 펜으로 써보는 것은 새로운 경험이다. 손 근육을 직접 움직여 가며 쓰다보니 머리가 훨씬 잘 돌아간다. 두뇌와 연결고리가 생기는 것 같다. 신비로운 체험 삶의 현장이다. 덕분에 성취감은 배가 된다.

글쓰기는 매일 해야 했기에 글쓰기를 먼저하고 독서를 했다. 글쓰기를 완료하고 남는 시간에 책을 읽었다. 어떤 날은 반대로 책을 먼저 읽고 글쓰기를 한다. 쓰기와 읽기 둘 다 균형을 잡을 수 있는 좋은 기회다. 부족한 시간은 자투리 시간을 활용했다. 맨발 걷기 시간은 하루 40~50분 정도를 확보하여 꾸준하게 했다.

메모장으로 시작된 글쓰기가 꾸준히 이어지고 있는 것은 운명이다. 맨발 걷기로 시작된 글쓰기가 나에게 운명으로 다가왔다. 초등학교 시절부터 어떤 일을 할 때 짧은 시간 집중은 잘하지만 그 일을 지속적으로 하는 데는 약했다. 싫증을 쉽게 냈다. 그래서 사법고시,

행정고시, 외무고시 같은 고시 공부를 몇 년씩 하는 사람들을 보면 존경스럽고 어떤 때는 이해되지 않았다. '어떻게 저렇게 꾸준히 하지?', '나 같으면 포기하고 안 하겠다. 다른 거 하면 되지 굳이 저렇게까지 해야 하나?' 같은 별의 별 생각이 다 들었다. 그만큼 꾸준함이라면 진절머리가 났다. 그랬던 내가 맨발 걷기를 하루도 빠짐없이 하고 있는 것이다. 글쓰기도 마찬가지다. 비록 메모장이라는 짧은 글쓰기 과정이지만 맨발 걷기를 하면서 하루도 빠짐없이 쓴다는 것이 쉬운 일이 아님에도 그렇게 하고 있다.

대단한 변화다. 그야말로 운명이라고 밖에 달리 설명할 방법이 없다. 특히 맨발 걷기와 함께 찾아온 글쓰기는 나에게 찾아온 또 다른 운명이다. 우연히 찾아온 운명을 진짜 내 삶의 인연으로 만들기 위해 무던히도 노력했다. 누가 시킨 것도 아니요, 억지로 한 것도 아니다. 그냥 해야 할 것 같았다. 그렇게 할 때 너무나도 편안하고 행복한 내 모습을 발견했다.

맨발 걷기와 글쓰기를 하면서 삶이 달라졌다. 변화된 삶에 스스로 놀란다. 이전과의 다른 삶을 살게 되면서 자신에게 무한 긍정의 칭찬을 해준다.

그 좋아하던 술자리가 줄어들었다. 술과 함께하는 삶을 즐겼다. 술자리를 마다하지 않았고 불러주지 않으면 스스로 자리를 만들었다. 알코올 중독자 같은 삶을 살았다. 어떤 날은 일주일에 7일을 마신 적도 있을 만큼 술독에 빠져 살았다. 그때는 몰랐다. 그 삶이 그렇게 잘못된 것인 줄. 잘못되었다기보다는 사람을 만나고 함께 취하고 대화하는 것이 인생의 윤활유였다. 술 없는 삶이란 상상할 수 없었다. 앙꼬 없는 찐빵 같았다. 물론 지금도 술을 완전히 끊지는 않았다. 아니 못했다라는 말이 맞겠다. 사회생활을 하다보니 술자리가 생기고 그 자리를 일일이 회피하는 것이 생각보다 쉽지 않았다. 그러한 자리만 겨우 참석하고 일부러 만들지는 않는다.

새벽 기상 시각이 달라졌다. 보통 새벽 5시 정도에 기상했던 것을 지금은 새벽 4시 정도에 깨어 맨·독·글을 시작한다. 술을 마시기라도 하면 비몽사몽간에 작업을 하게 되어 그 자리를 가급적 줄이게 된다. 규칙적인 수면 시간 확보가 가능해졌다.

노트북을 켜고 글쓰기를 시작한다. 새벽 시간대에는 정신이 맑아져 글쓰기가 제대로 된다. 한참 쓰고 난 후 독서를 하고 맨발 걷기를 한다. 이러한 패턴의 습관이 라이프 스타일로 만들어졌다.

퇴근 후 술자리로 향했던 습관이 도서관이나 북카페로 자리 잡았다. 그곳은 여러 가지 장점이 있다. 글쓰기도 편하고 독서하기에 이만한 장소가 없다. 음식 값이 싸서 저녁 한 끼 해결하기에 안성맞춤이다. 도서관이 어려우면 북카페로 향한다. 마침 집 바로 앞에 멋진 공간이 생겨 다시 한 번 감사함을 보낸다. 두세 시간 정도 있다 오면 세상 근심 걱정이 사라진다.

예전엔 주변이 시끄럽거나 음악 소리가 들리면 전혀 집중을 할 수 없었지만 이제는 적응이 되었는지 편하게 일할 수 있다. 인간은 적응의 동물이라는 말이 딱 맞다.

맨발 걷기만 할 때는 내면에 잠재되어 있는 불만의 목소리가 완전 사라지지 않았다. 글쓰기를 하게 되면서 불만은 희망으로, 부정은 긍정으로 변화의 시도를 하게 되었다. 맨발 걷기를 핵심습관으로 또 하나의 글쓰기 습관이 장착되면서 엄청난 위력을 발휘하게 되었다.

습관이 변하면 인격이 변하고 인격이 변하면 운명이 변한다고 했다. 글쓰기는 또 하나의 운명으로 자리 잡아 내 삶의 기나긴 여정 속 함께할 친구가 되었다. 맨발 걷기, 글쓰기만 있으면 두려울 게 없다. 드디어 내 삶의 주인공은 바로 '나' 자신이 되었다.

글쓰기 예찬

글쓰기는 내 삶을 180도 바꿔놓았다. 쓰고 싶다는 생각은 간절했으나 기회를 만나기는 쉽지 않았다. 인연은 참으로 오묘하다. 뜻하지 않은 만남을 주선하기 때문이다. 맨발 걷기를 통해 만난 인연으로 글쓰기를 만나게 되었다. 맨발 걷기와 글쓰기가 부지불식간에 나에게 다가온 것이다.

작가 스쿨을 소개받고 1초의 주저함도 없이 등록했다. 한 치의 주저함이나 고민이 있었다면 다가온 운명이 나를 비켜갔을지도 모른다. 글쓰기가 또 하나의 운명이 된 이유다. 아무리 좋은 기회가 와도 선택하지 않으면 기회는 무산된다. 운명 선택은 본인 몫이다.

처음 글쓰기를 권유받았을 때만 해도 '과연 내가 글을 쓸 수 있을까?' 하는 의구심이 들었다. 글을 써본 적이라고는 학교 숙제로 받은 글짓기가 전부였고 그 이후로도 글쓰기를 제대로 해본 적이 없었다. 의구심과 동시에 '한 번 해보자'는 도전의식이 내면 가득 꿈틀거렸다. 이번 기회가 지나가면 다시는 오지 않을지도 모른다는 불안감이 앞섰다. '글을 쓴다는 것이 나에게는 어떤 의미일까?', '글쓰기가 내게 어울리는 작업일까?', '글을 왜 써야 하지?' 같은 여러 가지 내면의 질문들이 피어났다. 등록하기 전 스스로에게 물었어야 할 이야기들이 불꽃처럼 일어났다. 주체할 수 없었다. 그러한 우려도 잠시 첫 강의부터 시작된 '글을 왜 써야 하는지?'에 대한 물음은 고민을 한 방에 날려보냈다. 맨발 걷기로도 완전히 해결하지 못했던 내면 깊은 곳의 억눌린 감정, 부정적 사고, 불평·불만에 대한 해법을 강의 중에 얻을 수 있었다.

이전에 알고 있던 글쓰기는 '글을 예쁘게 포장하고 미화하는 것'이었다. 강의 중 글쓰기는 '내면 그대로의 이야기를 사실 그대로 쓰는 작업'이라는 새로운 의미를 만났다. 무엇보다도 꾸준히, 성실하게 쓰는 작업 태도가 가장 중요하다고 느꼈다.

"글을 왜 써야 한다고 생각하십니까? 글쓰기는 내면에 있는 아픔을 치유하기에 가장 좋은 방법입니다. 질적으로 아무리 뛰어난 글도 양이 채워지지 않으면 책으로 출판이 불가능합니다. 일단 양이 되어야 하고 질은 그 다음 고쳐쓰면서 만들어가면 됩니다. 작가는 고쳐쓰는 사람입니다"라는 강의 내용은 글 쓰고 싶다는 마음을 확신으로 바꿨다.

만약, '글쓰기 방법은 이렇고요, 맞춤법에 주의해서 글을 써야 하고, 내용도 중복됨 없이 심플하게 마무리해야 합니다'와 같은 강의가 이뤄졌다면 어땠을까? 아마도 식상해서 일회성으로 끝났을 것이다. 글쓰기가 필요한 이유와 무조건 써야 한다는 당위성에 내 자신감은 서서히 무르익어갔다.

그 다음날부터 글쓰기가 시작되었다. 처음에는 특정한 주제도 없이 생각나는 대로 글을 썼다. 주제가 없다는 것이 오히려 편했다. 자유로움은 글쓰기 최대의 장점이다. 주제와 양에 구애받지 않는다는 것은 마음 편한 일이다. 글쓰기에 집중할 수 있는 동기가 되었다.

어린 시절 겪었던 다양한 경험에 대한 기술이 시작되었다. 어린 시절 모든 이야기를 있는 그대로 적었다. 기분이 묘했다. 엉켰던 실타래가 풀리듯 마음 속 응어리졌던 감정들이 하나둘 솟아나기 시작했다. 묘한 카타르시스가 느껴졌다. 지금까지 느껴보지 못했던 글쓰기 마력이다.

맨발 걷기를 하면서 정신세계의 편안함과 행복감을 느꼈다. 신체적인 건강도 함께 찾았다. 마음을 완전하게 치유하기엔 2% 뭔가가 부족했다. 말로 표현하기 힘든 무엇인가가 가슴 깊은 곳을 짓눌렀다. 글쓰기가 내면의 불편함을 치유하게 될 줄은 상상도 하지 못했다. 맨발 걷기와 글쓰기가 협업해서 주는 시너지는 상상 이상이었다. 글쓰기 힘이 느껴지는 대목이다.

예전에 생각했던 글쓰기에 대한 생각이 확 바뀌며 지금은 일상의 소소한 이야기를 있는 그대로 적어간다. 완전 다른 세상에 살고 있는 느낌이다. 글쓰기가 이런 대단한 것인 줄 미처 몰랐다. 모든 이야기가 글이 될 수 있다고 했다. 특별한 이야기, 성공 스토리가 중요한 것이 아니라 일상에서 소소하게 이뤄지는 나만의 이야기가 경쟁력이 있단다. 그런 이야기는 이 세상에 단 하나 밖에 존재하지 않기 때문이다.

'그렇다면 나도 할 수 있겠구나' 하는 확신이 들었다. 특별한 글쓰기 재주가 있는 것은 아니지만 맨발 걷기를 통해 배운 꾸준함은 자신 있었기 때문이다. 그 과정 속에서 글쓰기를 통해서 나를 치유하는 방법을 알고 실천하게 되었다. 글쓰기는 어린 시절 잘못 가진 자아상을 변화시킬 수 있는 방법이 되었다. 그렇게도 싫어하고 부정하며 불평·불만 가득한 내 모습을 긍정적으로 바라볼 수 있게 되었다. 맨발 걷기를 하면서 어느 정도 변화가 있었지만 완전하지는 못했다. 그 부분을 거의 완벽에 가까울 정도로 바꾸기 시작한 것이 글쓰기다.

어린 시절에 대해 기록하는 과정에서 스스로 가졌던 불만이 사라지게 되었다. 모든 잘못이 '나'라는 존재 때문만은 아니라는 생각이 자랐다. 그 당시 환경, 내게 생긴 열등의식, 주변의 불편한 시선 등이 원인이었다. '나'에 대한 미안함과 사과로 모든 문제가 해결되기 시작했다. 세상의 중심에 나를 가져오게 되었고 나에 대한 긍정 모드로 인해 서서히 자신감을 가지게 되었다. 글쓰기가 안겨준 선물이다.

글은 쓰면 쓸수록 잠재되어 있는 부정적 감정이 사라진다. 나쁜 감정에 대해 말로 내뱉기 시작하면 상대에 대한 헐뜯음, 비방, 고자질로 변한다. 글 쓰는 순간은 내면과의 끝없는 대화과정이기에 문제가 해결되었다. 스스로 묻고 답하는 글쓰기의 반복이었기에 외부로 노출될 우려도 없거니와 자연스러웠다. 맨발 걷기 속에서 이뤄지는 자신과의 대화 과정과 비슷한 형태다. 그 힘은 훨씬 더 강력했다.

맨발 걷기를 할 때는 생각들이 머릿속에서만 맴돌기 때문에 완전 해소가 어려웠다. 글쓰기는 머리로 생각하며 정리했던 내용을 컴퓨터 자판이나 메모장에 내뱉는 과정이었다. 그 속에서 문제가 스르르 사라지는 묘한 경험이었다. 치유하는 글쓰기가 제대로 체험되는 순간이다. 내 삶을 구원하는 글쓰기로 거듭났다. 다시 한 번 제대로 살 수 있을 것 같은 희망을 얻었다. 글쓰기가 또 하나의 습관으로 자리 잡았다. 글 쓰는 시간은 주로 새벽이다. 새벽시간은 누누이 강조했지만 나를 만나는 최고의 시간이다.

새벽에 일어나면 물 한 잔으로 두뇌에 글쓰기 신호를 보낸다. 글쓰기를 시작하면서 구입한 노트북은 나의 동반자다. 은빛 찬란한 노트북을 펴는 순간 새로운 글로 가득 채우는 기쁨을 만끽한다.

글쓰기를 하다가 막히거나 새로운 생각이 떠오르지 않을 때는 일단 노트북을 덮고 책을 읽는다. 글쓰기가 제대로 되지 않는데 억지로 붙잡고 있어봐야 효과는 미미하다. 효율성도 떨어진다. 그럴 때는 모든 것을 중지하고 다른 일을 하는 것이 훨씬 낫다. 책 읽는 동안 글쓰기 강박 관념으로 지쳐 있을 뇌에 휴식을 줌으로써 새로운 생각의 활성화가 일어나도록 도와준다.

글쓰기는 영혼을 깨우고 내면을 뱉어내며 새로운 다짐을 하도록 하는 매우 좋은 친구다. 아직까지 글쓰기에 대해 여러 가지 기법과 방법, 능력 부족으로 주저하고 있는 분이 계시다면 처음부터 무리하지 말고 한 글자라도 적어 보는 습관을 가져보면 어떨까.

처음엔 한 글자, 두 글자 적는 출발이지만 시간이 갈수록 양과 깊이가 점점 무르익어 장문의 글을 쓸 수 있게 된다. 주제는 어떤 것이라도 좋다. 하루 일과나 길을 가다 마주치는 사람, 점심 먹다가 마주친 반찬과의 대화 등 그 어떤 것이라도 좋다. 일단 시작하는 것이 가장 중요하다. 시작하고 난 이후에는 쓰는 부담이 점점 줄어들 것이다.

일주일에 한 시간 작업하는 것보다 하루에 단 10분이라도 매일같이 꾸준히 쓰는 습관 형성이 중요하다. 습관은 매일 하는 것이 가장 효과가 크다. 하루라도 하지 않으면 두뇌는 그 일을 잊어버리기 쉽다. 습관 형성의 기본은 꾸준함이다. 수적천석水滴穿石이라고 하지 않던가? 물방울이 바위를 뚫는다는 뜻이다. 작은 물방울일지라도 매일 꾸준히 떨어지면 결국 바위까지 뚫는 힘을 가지게 된다. 꾸준함의 힘이다. 매일 실천 습관이 필요한 이유이기도 한다.

글을 써보면 과거에 있었던 일에 대한 반성과 용서, 새로운 다짐이 생긴다. 글쓰기는 내면세계를 세상 밖으로 표출해내어 마음을 편안하게 해준다. 맨발 걷기를 하면서 떠오르는 여러 가지 생각들을 글쓰기로 정리하며 내뱉는 과정이야말로 우리 인생에서 동반자로 삼아도 좋을 멋진 습관이다.

글쓰기로 새로운 세상과 만나고 그곳에 다양한 이야기를 전해주며 함께 공존하는 경험을 해보기를 강력히 권한다.

끈기가 없어 어떤 일을 꾸준히 해본 적이 없다. 우연히 만난 맨발 걷기와 글쓰기를 특별한 일 없으면 실천한다. 절주와 새벽 4시 기상, 건강 생활습관 또한 이어오고 있다. 습관은 연속성이 생명이다. 일주 주일에 1일보다는 2일이, 2일보다는 3일이, 3일보다는 7일이 훨씬 더 의미 있다. 시간이 쌓여갈수록 '하루'는 점점 더 빼먹기 어려워지는 숫자다. 연속성이 깨지면 습관도 사라질 수 있다. 하루를 소중히 여기는 이유다. 매일 꾸준히 이어가는 습관이 중요하다.

절주, 새벽 4시 기상, 건강한 생활습관, 맨발 걷기와 글쓰기를 만나면서 '감사', '만족', '여유'라는 단어를 얻었다. 이전 삶에는 없었던 희열을 매일 느끼면서 살아간다. '천천히'라는 말을 늘 기억한다. '슬로우slow'와 함께하면서 '나'를 만났다.

'빨리빨리'에 익숙했던 삶은 좋은 습관을 만나면서 '천천히'로 변했다. 천천히 걷게 되면 깊게 충분히 생각하게 된다. 그 속에서 제대로 된 '나'를 찾았다.

급변하는 4차 산업혁명 속에서 '타인의 의도대로 살아가는 건 아

닐까?' 늘 생각했다. 남의 이목, 생각, 비판에 의해 스스로가 나약해
질 수도 있다. 중요한 것은 '나'인데 '나를 얼마나 알고, 이해할까?'
고민했다.

좋은 습관을 만들면서 '나'에 집중하게 되었다. 스스로 자기 자신
을 가장 잘 안다고 말하지만 과연 그럴까? 그만큼 자신에게 집중하
지 않기 때문이다.

절주, 새벽 4시 기상, 건강한 생활습관, 맨발 걷기, 글쓰기는 나와
대화할 수 있는 소중한 시간이다. 술을 멀리하면서 가족의 눈빛이
달라졌다. 딸도 나를 대하는 태도가 달라졌다. "축구해, 축구해"라며
나를 쫓아다닌다.

일주일에 두 번 아들을 픽업하러 간다. 무조건 이틀은 금주다. 술
자리가 줄어들 수밖에 없다. 가정에 소홀했던 예전과 달리 설거지,
빨래 개기, 청소 등에 적극 동참한다. 맞벌이하는 아내에게 조금이
라도 힘이 되어 줄 수 있는 일을 찾게 된다.

건강한 생활습관은 모든 것에 긍정적으로 다가설 수 있는 힘을

주었다. 몸이 건강해지면서 마음도 건강해지고 모든 것을 얻은 행복 감 속에 생활한다.

맨발 걷기를 하면서 끝없이 떠오르는 생각을 주체할 수 없었다. '글쓰기'로 해결했다. 평소에도 근심, 걱정이 생기면 펜을 긁적거리는 습관이 있다. 그렇게 하다보면 스르르 문제가 해결된다. 신비한 체험이다. 글쓰기는 '나'를 제대로 파악하는 도구다. 머릿속 문제를 직접 써봄으로써 문제 파악이 더 잘되고 해결책이 떠오른다.

'적자생존'은 요즘 유행하는 "적는 사람만이 살 수 있다"는 우스갯소리다. 적는 것이 중요하다는 의미다. 글을 쓰고 있으면 마음이 숲을 거니는 것 같다. 맨발 걷기와 글쓰기는 찰떡궁합이다. 사색하고 생각하며 천천히 걷는 모습이다. '맨글'은 더 이상 거역할 수 없는 운명이 되었다.

좋은 습관이 나에게 준 소중한 이야기는 다음과 같다.

첫째, 새벽 4시 기상, 건강한 생활습관, 맨발 걷기, 글쓰기는 습관의 힘과 중요성을 주었다. 하루도 빠짐없이 어떤 일을 한다는 것은 엄청난 집중과 몰입의 연속이다. 습관이 되기 전까지 매 순간 생각하고 있어야 하기 때문이다. 무의식적으로 나타나는 것이 습관이다. 습관은 반복된 연습으로 이루어진다. 좋은 습관을 만들기 위해 하루, 이틀, 사흘로 이어지는 기간이 가장 힘들었다. '작심삼일'이 있는 이유다. 그 이후 21일, 100일로 연속된 기간이 이어진다.

습관의 힘은 대단했다. 몸살 나도, 눈 내려도, 얼음 얼어도 매일 실천했다. 하나의 습관이 여러 가지 좋은 습관으로 전이되는 긍정의 힘이 생겼다. "긍정은 긍정을 낳는다"라는 말처럼 좋은 습관은 하나의 아이콘이 되었다. 자연스럽게 새벽을 깨우고 있다. 습관이 내 친구로 자리 잡았다.

둘째, 좋은 습관은 '나'를 찾게 해 주었다. 습관과 친구되며 얻은 행운이다. 어떤 일에 대해서 자세히 관찰하게 되었다. 그 과정에서 '나'에 대해서 알게 되었다. '추억 속의 나, 지금의 나, 앞으로의 나'에 대해 생각하고 집중했다. 자아존중감이 서서히 상승했다. 이전과는 다른 삶을 얻었다.

셋째, 좋은 습관과 만나면서 선한 영향력을 만들었다. 첫 번째 책 《맨발걷기》를 통해 내가 실천한 맨발 걷기 이야기를 공유했다. 맨발 걷기와 글쓰기 관련 블로그 운영으로 여러 사람과 만난다. 절주, 새벽 4시 기상, 건강생활습관 또한 많은 사람과 함께하고 싶다. 이 글을 쓰는 이유다.

《습관이 인생을 확 바꾼다》는 제목처럼 내 인생은 좋은 습관과 만나면서 180도 바뀌었다. 좋은 습관과 만난 지금, 여기가 행복의 보금자리다. 책에 쓴 이야기를 많은 사람이 공유했으면 좋겠다. 습관 이야기를 공유하며 습관의 힘을 기르고, '나'를 찾아 선한 영향력을 행사하는 소중한 경험을 가지길 바라는 마음 간절하다.